「超」怖い話 卯《う》

加藤 一 編著

竹書房
怪談
文庫

※本書に登場する人物名は、様々な事情を考慮してすべて仮名にしてあります。また、作中に登場する体験者の記憶と体験当時の世相を鑑み、極力当時の様相を再現するよう心がけています。現代においては若干耳慣れない言葉・表記が登場する場合がありますが、これらは差別・侮蔑を意図する考えに基づくものではありません。

彫刻　平野太一
ドローイング　担木目鱈

巻頭言

加藤 一

　我々は怪談を求めている。

　そして、怪談は広く求められている。

　世の中が慌ただしくなると、或いは世の中が不穏になると、怪談が強く求められるようになる。御存知だろうか。この数年の病禍の間、怪談本の発行点数は飛躍的に増えた。この星が戦火に飲まれ始めて、それには拍車が掛かった。当たり前のように人が死に始め、生贄に自分がカウントされるかもしれないことが、他人事では済まなくなってきた。

　過去の経験と個人的な研究に基づけば、不景気が加速すると怪談が強く求められるようになる。誰かの不幸を見て安堵したがる人が増える。自分はまだ大丈夫、他人の家が燃えても、隣人が死んでも、それでも自分はまだ大丈夫なのだ、と不安を打ち消すために、他人の不幸が必要になる。どこかに、そんな話はないか、と——。

　こんなとき、あなたの不安のお役に立てるのが怪談です。実話怪談ならとびきりです。

　一切、全く、何も解決しませんし、解消もしません。ですが、不安なのは——不幸なのは自分だけではないことを、怪談は教えてくれます。さあさ、お手にどうぞ。

目次

蹈鞴《たたら》

浅黄さん夫妻が結婚して二年ほど過ぎた頃だろうか。

夜中、夫婦の寝室で聞き慣れない音がした。

例えるなら、畳んだガーゼや綿の塊のような軽い物がカーペットに落ちたような、微かな音だ。耳を澄ませば聞こえる程度のもので、たまたま気付いたのである。

注意して耳を欹《そばだ》てると、同じ音がランダムなリズムで繰り返されていた。

電灯を点けて確かめるが正体は分からない。音だけが続く。夫婦二人で首を傾げていると、いつしか音は止んだ。

この不可解な音は、度々繰り返された。

場所は大体夫婦の寝室であったが、他の部屋でも聞こえた。タイミングはまちまちだった。例えば、午前中の明るいときのこともあったし、真夜中のこともあった。全て、夫妻が二人揃っているときだけ音がする。一人のときは一度も鳴らなかった。

家の軋《きし》みか、それとも何か他に原因があるのか定かではない。

音が何なのか分からぬまま、数年が過ぎた。

その頃になると、音は明瞭に聞き取れるレベルになっていた。

軽いものが落ちたようではなく、小さく柔らかなゴムボールが落ちたくらいの音へ変わっている。耳を澄まさずとも、何処で鳴っているかを認識できるほどだ。

例を挙げるなら、夫婦のベッドとチェストに挟まれた狭いスペースや、リビングのソファのすぐ脇などだろうか。殆どがすぐ近くで音が繰り返された。

しかしやはり正体は不明だった。


更に数年が経った。

音は更に強く大きくなっていた。

まるで、人が足踏みするような音に変化していた。

——何か、蹈鞴を踏んでいるような。

それが、夫婦二人共通の認識だ。

足を上げ、片脚になったとき、バランスを崩し慌てて逆の足を着く。

また片足を持ち上げて、同じように蹈鞴を踏む。

不規則な足踏みの音は、二人の耳にそう聞こえていた。

そして、そこで初めて気が付いた。

「これは、生まれてすぐ死んだあの子ではないか」と。

浅黄さん夫妻に子供はない。

彼ら夫婦の最初の子は男の子だったが早産であり、生まれてすぐ息を引き取った。

以来、望んでも子を儲けることはできなかった。

多分、その子が自分達の傍にずっといたのだ。音が次第に大きくなったのも、時とともに成長してくれているのだと、二人は泣いた。

どうして、我が子だと思ったのか。

それは、足音が蹈鞴を踏んでいたせいだ。

産まれてきた子は片腕がなかった。

もしあのまま生きて成長し、何かの折に片脚を上げればバランスが取りづらいだろう。

当然、よろめいて蹈鞴を踏むはずだ、と考えたのだ。

否。それ以前に、あの子は立ち上がることも、足を踏みならすことも、何も体験せずに逝った。やったことがないのだから、上手くできないはずだ。

二人は口を揃えて言う。

「あの蹈鞴を踏むような音は、僕はここにいるよって訴えているのだ」

親に存在を知らせるのに足を使うのが、多分彼にとって最適解だったのだ。言葉やもう一方の手を使うよりも。そんなことを夫婦で語り合い、泣き崩れるのが常だった。


子を喪《うしな》ってから十年以上が過ぎた。

今も夫婦のベッド脇で蹈鞴を踏む音が続いているという。


——ところが、先日、浅黄さんからこんな話が追加された。

「多分、あの子は、私達を恨んでいます」

蹈鞴を踏む足音が聞こえるのは、いつも夫婦の営みの最中であることに気付いたのだ。そう。改めて子供を儲ける行為に至ると、必ず足音は鳴る。

最近はその音に感情が伴っていることに、うすうす感づいてしまった。

怒りや嫉《ねた》みのような、マイナスの感情だとしか思えなかった。

「ああ、あの子は自分達に新しい子ができることを望んでいないのだ、嫉んでいるのだ、ちゃんと産んでくれなかったことを恨んでいるのだ」

その想像が間違いであると思わないのかと、共通の知人から訊かれたことがあるらしいが、彼らは亡くなった子の気持ちが伝わってくるのだから、そうなのだと断言している。

当然、この話を聞いたときにも同じことを口にしていた。

今、浅黄さん夫婦は子を作ろうとしなくなった。

だから、蹈鞴を踏むような音は鳴らなくなった。

ただいま

久喜さんが夕食の支度で台所に立っていたときのことだ。

「ただいま～！」と土間のほうから息子の声とともに、ガラガラと勢いよく引き戸の開く音がした。

続いてガッチャンガッチャンと……恐らく、自転車置き場代わりにしている土間へと自転車を引き入れる音。

あれ？　と思わず時計を見た久喜さんは、「お帰り」と言いつつやはり首を傾げた。

時刻はまだ帰りの会の途中のはず。小学三年の春斗君が授業を終えて帰るのに、いつもより十分ほど早い。

それに徒歩通学なのだから自転車で帰ってくるはずもない。ならば帰ってくるなり慌てて自転車を乗り出そうとしているのか――久喜さんはとりあえず土間へ向かった。

「あんた、早かったわね？　帰りの会は――」

広い土間には誰もいなかった。

引き戸はしんと閉まっているし、立てかけられた子供用自転車はサドルもハンドルも冷えていそうだった。

「それから十分くらいして、息子が帰ってきたんですよ。いつも通りの時間に。じゃあさっき帰ってきたのは……？　と思いまして」

それだけなら田舎では、どの家にも一つや二つはありそうな話だ。

因みに久喜さんのお子さんは春斗君一人だけ。

帰ってきた春斗君を見て、彼女は訊ねた。

「『あれ、あんたさっき帰ってきたんじゃないの？　今度は何処の子が帰ってきたのかねぇ』って――」

そう訊ねた途端、土間に立った春斗君の雰囲気が急に変わった。

顔を伏せ、するともう上がり框《かまち》の上からでは彼の表情は全く窺《うかが》えない。

（――あれぇ？）

軽口のつもりだったが。傷付けてしまっただろうか。

慌てて「冗談よ。早く手洗ってらっしゃい」と惚《とぼ》け、踵《きびす》を返す。

すると、背後で春斗君がこう言った。

「なあんだ。バレたかと思った」

振り返ると、そこには満面の笑みを浮かべた春斗君が立っていた。

彼女はギョッとした——その笑顔はまるで三歳児のように屈託なく朗らかだったが、何処か造り物めいたぎこちなさがあったからだ。

久喜さんは無言で、呆れたように一息吐き出してそのまま台所に戻ることにした。

途中、茶の間の横を通る。何げなく茶の間を見ると、そこの炬燵《こたつ》布団の下が開いていて、掘り炬燵の中からこちらを覗く春斗君の顔があった。

えっ、と久喜さんは思わず玄関のほうを二度見する——数秒前にまだ土間の下に立っていた息子が、もう掘り炬燵の中にいる？

「あんた、今帰ってきたんじゃないの？　手洗いなさいって……」

春斗君は、顔を泣きそうに歪めて首を横に振り、人差し指を顔の前に立てて、『言わないで』と示す。

何が起きているのか。

十分ほど前の『ただいま』という声。そして今しがた帰ってきた息子。炬燵の中に隠れていた息子は——十分前に帰ってきたほう？

ダダダダダ！　と廊下を駆ける音がした。

ヒィッと、春斗君が小さく叫んで、亀のように炬燵に引っ込む。

足音は勢いよく、奥の仏間のほうへ向かって縁側を駆けていった。

次いで、仏間のほうから、ガチャンガチャンと立て続けに何かが壊れる音がした。

久喜さんは驚き、しかし慌てて茶の間を横切り、襖を二枚開けて奥の仏間へと入った。

襖の上の天井近く、長押《なげし》の部分に掛けてあった八枚の遺影が、全て落下して砕けていた。

足音の主、人影はない。

あれは一体何処へ行ったのか——久喜さんはガラスの破片を踏まないよう恐る恐る仏間に入り、辺りを見回す。

奥に仏壇があった。

異変にはすぐに気付いた。

そこにあったはずの祖先の位牌が、一つ残らず消えているのだ。

〈もらっていくからね〜〉

何処からともなく、そう子供の声がした。

先ほど、玄関から聞こえたのと同じ——それは我が子の声と全く同じだった。

今日、もちろん彼女は自分の子が別の何者かもしれない、などとは疑わない。

また同じことがあるかも、とも考えない。

「考えたって仕方ないですよ。それに何でかは分からないですけど、位牌が欲しかったんでしょ？　それで済んだなら安い——とは言えませんけど、もう来ることもないでしょう。うちにはもう位牌は一個もありませんから」

久喜さんの家族に何事もないことを祈る。

16 パイセン

夜、美紗さんが帰宅中のことだ。

バス停から彼女のアパートのある住宅地まで、大きな国道から雑木林を迂回して歩く。

「いつもは自転車で駅まで行ってたんですが、盗まれちゃって……改めて不便なとこなんだなぁって」

地方都市でバス通勤は、思ったより大変だったそうだ。

「いい加減車買おうかな～って」

そうは思っても、先立つものがない。

彼女は毎夜、預貯金の計算などをしながら帰路を辿っていた。

「バス通勤になって一週間目くらいの帰りに、気付いたんです。後ろを誰か歩いてきてるって。それがその、『パイセン』です」

バスを降りるときはいつも、五、六人ほどの疲れたサラリーマンと一緒だった。

初めの数日、彼らのうち一人か二人は美紗さんを奇異そうにちらりと見て、それから決して目を合わせてくることはなかった。『女性の夜歩きは危ないですよ』などと近付いてくる者もない。

彼らの殆どは歩道橋を渡って、駐車場のある反対側の公園のほうか、コンビニのほうへ行く。一人は毎晩奥さんが車で迎えに来る。

バス停の前はあっという間に美紗さん一人になる。そして彼女は雑木林のほうへと向かうのだ。

ヒールで歩くとアパートまで二十分ほど。

ふと、背後を振り返るとこちらへ誰かが歩いてくるのに気付いた。

絶妙な距離があった。背後と呼ぶには遠く、足音もしない。かといって気にならないほど遠くもない。

輪郭ははっきり見える距離なのに、何となく存在感が希薄というか、周囲に溶け込むような感じが気になった。

一目見て、その人影は女性だと思った。

「バス停のほうには誰もいなかったのに。でもその先はすぐ住宅地ですからね。他に人がいることは別にそこまで変じゃないじゃないですか」

同じバスを降りたのでなくとも、帰路が同じになることはあるだろう。彼女は構わず歩き続けた。

しかし人影は家まで付かず離れず。

先にアパートに着いたのは彼女のほうで、玄関のドアを潜ればそこから道の様子を覗くことは難しかった。そのため、後ろを歩いていた人物がアパートを通り過ぎて何処へ向かったのか、確かめてはいない。

次の日も、また次の日もその人物は彼女の後ろを歩いてきた。特に距離を詰めてくることも、意識して離れることもない。彼女も危険を感じることはなかった。

やはりその人影が明らかに女だったことが大きいだろう。

ソバージュにしたような髪は長く、肩も腰も細い。提げたショルダーバッグも、美紗さんと似たもののように感じる。

「それで思い出したんですよ。高校のとき、帰宅部だったんですけど、たまたま家の方向が同じでずっと私の前を歩いていた先輩がいたなぁって」

美紗さんは、夜道で後ろを歩いてくる人影を勝手に『パイセン（先輩）』と呼ぶことにした。

夜道で会う帰宅の先輩――そこには若干の強がりもあったのかもしれないが。

別のある晩、雨が降っていた。からっからの冬晴れが続いていたので、雨は久しぶりだ。

バス停から傘を差し、コートの前を固く閉じて家路を急ぐ。

雑木林の先を曲がって、少し歩く。

車が難しいなら新しい自転車を買おうか――ぼんやりとそう考えていたときだ。

彼女はふと、また振り返った。

やはり――パイセンがこちらへ歩いてくる。

雨の中、傘も差していない。

疎《まば》らな街灯。その一つの下で美紗さんは待った。アパートまで一緒に行き、美紗さんのコンビニのビニール傘をあげようと考えたのだ。変に思われるかもしれないが、向こうも美紗さんを後輩のように思っているかもしれない。

人影は、一定のペースで近付いてきた。

足音はない。そしてやはり、何処か存在感が希薄だった。

「あの――」

入っていきますか、と言いかけた。

パイセンが、美紗さんと同じ街灯の下に入る。

美紗さんは息を呑んだ。

パイセンは、美紗さんと同じ顔をしていたからだ。

ただし、厚みがない。ソバージュのようなロングヘアは何かの液体でべったりと広がっていて、本来なら上からの光が頭や肩に作るはずのハイライトがない。

立体的な陰影がないのだ。だからその人影は、街灯の下でも輪郭を持たず、宵闇に溶けてしまっていた。

手首からぶら下げたショルダーバッグも、潰れてはいるが正に、美紗さんのものと同じだった。

パイセンは、真っ白な、眠るような顔でうっすらと目を開いていて、口だけを忙しく動かして何かを呟きながら同じペースで迫ってくる。

美紗さんは、思わず叫び声をあげ、盾のように傘を翳《かざ》していた。

盾にした透明なビニール傘が、パイセンと彼女を隔てる。

逃げようとしたが――足が動かない。ヒールの踵《かかと》が、まるで地面に突き刺さってしまったかのように動かない。

自分に似たパイセンは、まるで傘などお構いなしのようにこちらに進み続けた。

傘の柄に、迫ってくる力を感じる。

透明なビニールがこちらへ凹んで、そこに血の気のない、眠るような自分の顔がいっぱいに広がって、更にどんどんと押してくる。

「いやぁぁぁっ！」

彼女は思い切り叫んで、傘を放り投げた勢いでヒールを脱ぎ捨て、一目散に逃げ出した。

「別に追ってきたりはしなかったんです。私は自分の部屋に逃げ込んで、次の日は会社を休みましたが……来週からどうしようって」

そこで、留守録に気付いた。

警察からだった。

「盗難された自転車が見つかったそうなんです」

登録の番号から、それは彼女の自転車に違いなかった。

真っ白なシティサイクルに、彼女の生まれ年である兎のステッカーが貼ってある。

しかし、その自転車は潰されていた。見る影もないほどだ。

更にその自転車は、毎日通るあの雑木林で発見された。

警察によれば、プレスか何かでぺしゃんこに潰してから、わざわざあの雑木林に投げ捨てたのだろう、とのことだった。

「それですぐ新しい自転車買ったんですよ。安い奴」

翌週から彼女はそれで駅まで通うことにした。

それほど間が空いた訳でもないのだが、真冬のこともあってこれがなかなかに堪える。

「やっぱ車欲しいなぁ、とか思ってたんですが」

だが、アパートの駐輪場に自転車を入れて振り返ると、通りの反対側の暗がりに誰かがいるのに気付いた。

パイセン――またあの薄っぺらな自分だ。

「その日だけじゃなくて、殆ど毎日なんです。昼も夜も関係なくなってきて――」

彼女は引っ越すことを決めた。

貯金を引っ越しの資金に充ててしまったので、車を買う夢はまた遠のいた。

「腹立って。私もいい加減に、文句言ってやろうと思ったんです」

段々、恐怖感が麻痺してきたこともあったのだろう。それに――幾ら不気味だとはいえ、それは自分だ。自分と同じ姿をしているのだ。

引っ越しの日の早朝、美紗さんはそれに話しかけてみることにした。

それは相変わらず、死んだような目で口だけを忙しなく動かしていた。

周囲に誰もいないことを確認して、彼女はパイセンに向かい合う。

もちろん、文句を言ってやるつもりだったのだが。

そのとき、やっとパイセンが言っていることが聞こえたのだ。

「『五階へ行くな』って言ってました。五階へ行くな、五階へ行くな、五階へ行くなって
――繰り返し」

彼女は転居した。新居は五階であるという。

ぺちぺち

次の春には四年生になる。
だから、一人で眠れるようになるのは当たり前で、おねしょをしないのも当たり前。
春に向けて、陽気は大分和らいできたけど、まだちょっと寒い。
自分の顔がぺちぺちと叩かれている。
叩いているのも自分。
つまりこれは恐らく夢で、自分はまだ布団の中にいる――。
ふと、瞼が開いた。
ほらね。まだ布団の中にいる。
窓の外は仄《ほの》明るくなり始めていたが、鳥の囀《さえず》りすら聞こえてこない。
だから起きだすにはまだ早い。もう一度、もう少し寝直したって大丈夫。
畳の上に自分で敷いた布団にくるまり直す。
目を瞑り、寝返りを打つ。
――ぺちり。

誰かが右の頬を叩いた。

「うわっ」

驚いて起き上がった。

もう四年生だから、いつまでも親と一緒に寝たりしないんだから。

そう言って、子供部屋を貰った。

一人だけの子供部屋には自分以外誰もいない。

頬はひりひりしていた。

こつん、こつん

小学校に上がる前の年のこと。

その日、彼女は高熱に浮かされていた。

子供にありがちな突然の発熱だったのか、それとも風邪か何かを何処かで拾ってきたのか、その辺りのことは詳しく覚えていない。

「熱があるから、今日はおうちにいましょうね」

お母さんに優しく声を掛けられ、畳の上に敷かれた布団に寝かされていた。

布団の中は自分の発する高熱で蒸し暑かった。

少しの冷気が欲しくて布団から掌を突き出し、畳の上に放り出す。掌が藺草《いぐさ》に触れ、ひんやりした。

その指先に何かが触れる。

こつん、こつん。

〈何だろう。何？　誰？〉

お母さんは台所のほうにいる。この家には自由に室内を闊歩《かっぽ》する猫も犬もいない。

しかし、何かが頻《しき》りに彼女の手にぶつかってくる。

身体を起こすことができなかったのは、多分高熱のせいだろうとは思うのだが、どうにか頭を回すと畳の上に何かが屹立《きつりつ》している。

それは、手だった。

畳の上に、肘から先くらいの腕が生えている。

その腕は軽く握り締めた拳で、彼女の手の甲を叩いている。

こつん、こつん。

ノックをしているようでもあるし、何かを訴えているようでもある。

凝視しても消えず、目を瞑って再び開いても消えない。

身体はというと、およそ動かない。

これも高熱のせいなのか、別の理由なのかが分からない。

彼女は抗ってみよう、と決めた。

こつん、こつん、と叩かれている手を握り締めてみた。

ジャンケンのグーのように握り締めた彼女の拳を、畳から生えた拳が叩く。

こつん、こつん、こつん。

三回ほど叩かれたところで、身体が不意に自由になった。

満足したのか、腕はもう何処にもいなかった。

「布団は結界だから、寝ているときは布団の外に手足を出しちゃいけない、っていう話を後から思い出したんですけど、何だったんでしょうね。あの手。グータッチがしたかっただけなのかな」

カリカリ

ある朝のこと。

まだ実家住まいをしていた筑紫さんは、寝惚け眼を擦りつつリビングにやってきた。

父は新聞を眺め、母は台所に立つ。いつもと変わらない朝の風景である。

テーブルに並んだ朝食にも手を付けず、父は唐突に言った。

「なあ。昨日、おまえのほうに行かなかったか？」

何の話だろう。

メールが来ていた記憶はない。

荷物か何かを受け取った記憶もない。

そもそも、昨晩は泥のように爆睡していた。父か誰か家族に声を掛けられていたとしても、恐らくそれには気付けまい。

一頻り唸ってみたが、心当たりに行き当たらない。

「うーん、特に何も？」

捻りのない答えを返すと、父は〈そうか〉と首を捻った。

「いやあ、それがな。昨日の夜中に、何か顔をカリカリされてなあ」

筑紫家には寝室にベッド等と言った小洒落たものはなく、家族は皆、畳に布団の至極日本的睡眠スタイルである。

「カリカリって、何よ。鼠でも出た？」

朝食時の話題ではないなあ、と眉根を寄せると、父は〈うーん〉と唸る。

「こう、頬をな、誰かが引っ掻いてるんだ。爪か何かで。それで、目が覚めちまってな。何かいるのかと思って起き上がってみたらさ」

女の子の顔が覗いていたのだそうだ。

その女の子は、畳から顔の上半分を突き出していた、のだそうだ。

さながら畳を水面に見立て、水中からそっと窺う河童の如く。

「ああ、何かいるな、って。だから、おまえのほうにもそいつが行ったかな、と思って」

「うーん、特に何も。というか、来ていたのかもしれないけど、爆睡してたからねえ。カリカリされたくらいじゃ起きられなかったかも」

「そっかそっか。まあ、特に何もなかったならいっか」

筑紫家はそれが日常であったため、割と異常なことが起きていると気付かなかったようで、取材の折「何かないですか」と問われるまで完全に失念していた、とのこと。

イミフ

今からおおよそ三十年前。

羽賀さんが六畳一間の安アパートで一人暮らしをしていた頃の話になる。

昼頃から降りだした雪は夜になっても止む気配がなかった。

たまたま翌日が休みだったことを喜びながら、買ってきた半額の弁当を胃袋に掻き込んだ。

満腹にはなったがまだ寝る時間には早かったので、炬燵に入ってマンガ雑誌を読んでいると、妙に首筋がむず痒い。

虫か何かいるのかと思って何度も確認するが、首筋には何も付いていない。

何度も小首を傾げながらもマンガに戻ろうとすると、今度は奇妙な物音がし始めた。

壁の薄いアパートなので物音がするのは珍しくないが、今回の件は今までの住人の生活音とは明らかに違う。

雑誌を閉じて耳を澄ますと、何やら耳障りな音がする。

何だこれ。

何処かで聞いたことがあるが、一向に思い出すことができない。

サッ……サッ……サッ……と何かが触れ合うような微かな物音である。

喉元まで出掛かってはいるのだが、答えは全く出てこない。

若干イライラしながら、マンガ雑誌の頁を乱暴に開いてはみたものの、その音はより一層激しく、そして早くなってきた。

サッサッサッサッ……。

一体、何だというのか。

炬燵に入ったまま周りに視線を向けるが、この部屋には誰もいないし、鼠の類も目撃したことは一度もない。

ひょっとして、疲れているのかな。

そう考えて、早めに寝たほうがいいかもしれない等と思い始めた。

そのとき。

視線がカラーボックスの上にある十四型テレビの画面を捉えた。

電源を落としてあるブラウン管ディスプレイの画面には、部屋の一部が映り込んでいる。

その中で、中年の女性が長い髪を振り乱して踊っていた。

派手な模様の振り袖を身に纏《まと》って、ひらひらとまるで金魚のように舞っている。

その度に、サッ……サッ……サッ……サッ……という衣擦《きぬず》れの音がする。

まるで心臓を鷲掴みにされたように一瞬息が止まって、彼は身体を硬直させた。

逃げ出したいが、身体が言うことを聞かない。

更に、先ほどと同じように、首筋が妙にむず痒い。痒くて痒くて仕方がない。

右手で首筋を払うことはできたが、それでも何の手応えも感じられない。

間髪入れずに、今度は耳元に吐息らしきものが掛かった。

あまりの薄気味悪さに思わず背筋をピンと伸ばすと、やけに冷たく、そして腐った生肉のような臭いがぷんと漂ってきた。

「……思い出した」

苔生《こけむ》した廃井戸の奥底から聞こえてくるような重苦しい声で、確かにそう言った。

悲鳴にならない怯えた音を発しながら、焦った羽賀さんは首を上に向けた。

そこには、あの女の首が浮いていた。

それが小刻みに動く度に、長い髪の毛先が彼の顔面に何度も触れては離れ、触れては離れる。

そこから先は記憶が一切残っていない。

気が付いたときには朝になっており、毛布一枚を被りながら風呂場で震えていた。

翌日、羽賀さんはアパートから去ることを決めた。

次の住まいが決まるまでは、友人の家を転々とするつもりで、もう二度とあそこには戻らない覚悟であった。

それ以来、あの女とは一度も遭遇していない。

訪問者

長らくアパート暮らしであった西木さん夫婦は、新築の一軒家へと引っ越すことにした。

待望の子宝を授かったことが切っ掛けとなり、建て売り物件を購入した。

こぢんまりとした建売住宅が十軒程度建てられていて、その中の一軒である。

小さいとは言っても玄関の前に駐車場はあるし、二階建てで部屋数も十分だったので、将来的に子供が成長しても問題はなかった。

しかも、猫の額ほどではあるが庭もあったので、家庭菜園に興味があった奥さんは満足げであった。

「御近所さんも優しそうな方ばかりで。家内と一緒に喜んでいたんですが……」

ある晩のこと。

毎日健康的かつ質素な食事ばかりを摂るように心がけていたので、たまには外食にでもということになった。

身重の奥さんを連れて久々の食事を満喫した帰り、玄関前の駐車場に愛車をバックで駐車しようとしていた。

バックミラーで後方を確認しながらゆっくり後退していたそのとき、西木さんは慌ててブレーキを強く踏み付けた。

いつのまにか、車の側に人が歩いていたのである。

まだまだ寒い季節にも拘らず、真っ白な薄手のワンピースを着た、髪の長い女性であった。しかも麦藁帽子を目深に被っており、真っ赤なハイヒールが印象的であったが、何処となく暗い感じがする。

「周囲に誰もいないことを確認してから車庫入れを始めていたので、アレって思ったんですよね」

とりあえず、彼女が近くを歩いている内は、車を動かす訳にはいかない。

ミラーで女性の動きを確認しながら、ゆっくりとした動きでシフトをパーキングに移動させた。

少々目が痛くなったので眼鏡を取って目頭を軽く揉んでいると、助手席から素っ頓狂な声が聞こえてきた。

「あっ、あれっ。えっ、えええエエエエッ！　嘘！　嘘でしょっ！」

「……ん？　どうしたの？」

「ほらッ！　あれ、あの人！」

奥さんの慌てっぷりに驚いて、急いで眼鏡を掛けて後ろを見ると、先ほどの女性があろうことか自分達の家の玄関を開けて、中に入っていくところであった。

反射的に、西木さんは大きく深呼吸した。

たった今起きたことではあるが、現実感がない。自宅に入っていった女性、あれは一体誰なのだろうか。

家を出る前に鍵を掛けたのは間違いない。とすると、どうやって合い鍵を手に入れたのか。そもそも、あの家に住んでいるのは自分達夫婦だけで、それ以外に誰もいない。

しっちゃかめっちゃかに混乱していく頭の中を整理しようと試みるが、ますますややこしくなっていくばかり。

とにかく、家の中を確認しなければ……いや、それよりも、あれか……違う違う、恐らく……。

「……ねえ。ねえってば！」

「何？　あ、ごめん、考え事してた。早く警察を……」

困惑が止まらないまま、二人は車を降りると、扉を開けようとした。

だが、出かける前に確認した通り、扉は施錠されたままであった。

「えっ！　中から鍵を掛けられたのかも？」

奥さんの言葉を聞くなり、急激に身体の震えが襲ってきた。

このまま二人で家の中に入るのは、危険なのかもしれない。

そう考えて、いきなり警察を呼ぶのも躊躇《ためら》いがあったので、急遽友人に来てもらうことになった。

そして三人で家の中を徹底的に調べ上げたが、あの女の姿はもちろんのこと、誰か他人が侵入した形跡は欠片も見当たらなかったのである。

「……でも、おかしいよね」

「何が？」

「だって、そうじゃない。ここの扉、鍵が若干固いじゃない。クレーム入れようかって考えてたくらい。自分達だって鍵を開けるのにちょっと手間取るのに。さっきの女の人、この扉を一瞬で開けて中に入っていったのよ。すっごく、当たり前の表情で」

その言葉を聞くなり、辺りの空気が一瞬で重くなった。

友人も最初は見間違いだろうと笑っていたが、その表情もみるみるうちに強張っていく。

そして、何とも言えない空気が周囲に漂い始めた。

「ええ。今でもたまに見ますよ」

あれから四年が経過して、奥さんのお腹の中にいた男の子も、今では大きくなって幼稚園に通っている。

「もちろん自分だけじゃありませんよ。一番多く目撃するのは息子かもしれないですね。次に家内かな」

不思議なことに、あの女が入っていくのは西木さんの家のみで、他の家には一切現れていない。

しかも、ごく当たり前の顔をしながら家に入っていくところだけで、その他の姿は目撃されていない。

「そりゃ、イヤですよ。息子は面白がってはいますが、家内も怖がっているし」

そう言いながら、彼は視線を下に落とした。

「でも、どうしようもないじゃないですか。あの家が新築であることに間違いはないし、ローンだって三十年以上も残っているんですから。暫くはあそこで暮らす他ないんですよ」

事後

とある地方都市に住む山之内さんは内装業の会社を営んでいる。

「会社っつっても、社員なんて一人もいないけどな」

ガハハハッ、といった実際にはあまり聞いたことがない笑い声が辺りに響き渡る。

中肉中背だが屈強な身体付きで、年齢は五十歳を過ぎたばかりであったが、非常に若々しく感じられる。

週の六日は朝から晩まで現場で働き、休日は趣味の釣りを満喫するのを常としている。

「やっぱり、アレですか？　デッカい川で巨鯉でも狙っているんですかね？」

彼のイメージから想像して適当に言ってはみたものの、一笑に付された。

「そんなんじゃねえよ！　これだよ、これ！」

そう言いながら、右手を伸ばして素早く合わせる振りをした。

「へら、だよ。へら。最近は管理ばっかりだけどな」

彼が夢中になっている釣りの対象魚は、釣りの中でも非常に繊細な、へら鮒であった。

更に補足すれば、最近は野池や河川での釣りにはなかなか行くことができずに、人の手によって管理された釣場である所謂《いわゆる》釣り堀ばっかりに行っているとのこと。

だが、釣り堀と言ってもそう簡単に釣れないのがへら鮒の面白いところ。

活性の高いときはそうでもないが、気候の微々たる変化で一度活性が低くなってしまうと、全く口を使わなくなってしまい、もうお手上げである。

丸一日費やしても、一枚揚がるかどうかの、シビアな釣りなのだ。

「でも、大変じゃあないですか？　管理ばっかりだと金が掛かって……」

彼は、うんうんと大きく頷いた。

「そうなんだよ。決して安くはないからな。でもな、実は一銭も掛からない方法があるんだよ」

思わず身を乗り出す私に向かって、彼は言った。

「もちろん、アソコ限定だけどな」

「いやいや、あそこって言われても……」

「ほら、アソコだよ！　近くに森のあるとこ。当然、知ってるよな？」

場所を教えられて、漸く思い当たった。

そこは大小の池が二つに分かれた比較的安価な管理釣場で、年中無休かつ日の出から夕方までたっぷりと釣りができる所であった。

釣り座も数百用意されていて、トイレと飲み物の自動販売機も付いている。

しかも午前中に近所の中華屋が注文を受けにやってきて、お昼には出前までしてくれる魅力的な釣場であった。

しかし、もちろんそれだけではない。

この管理釣場は朝の六時過ぎになると管理人が現れて、料金を徴収するシステムになっていた。

即ち、早朝から釣りを始めてその時間までに撤収すれば、無料で釣りを楽しめるということである。

「やっぱり、アソコですよね？　釣場から森が見える……」

彼は、大きく頷いた。

「そうそう、そこなんだけどよ。そこで嫌な目にあっちゃってさ。ちょっと前のことなんだけど……」

今までとは打って変わって真面目な表情をしながら、山之内さんは語り始めた。

秋蝉の声もまだ聞こえてこない、日の出前。

山之内さんは愛車の白いミニバンで釣り場へと到着した。

予報では真夏日になるとのことであったが、日が出ない内は少し肌寒かった。

お気に入りの釣座を占有して釣りの準備を始めたが、いつしか妙な違和感を覚えた。

そうか、今日は珍しく誰もいないからじゃないのか。

確かに、いつもは真っ暗な時間帯から、数名の釣り人の気配が感じられた。

ところが今日に限っては、誰の気配も感じられない。

いや、人どころか虫の気配すら一切ない。

何だろう、これは。

そう疑問に思いながらも、釣り座にクッションを置くと、胡坐《あぐら》を掻きながら釣りの準備を着々と進めていく。

竿の穂先に仕掛けを結んだ辺りで、いきなり地面が大きく揺れ始めた。

どん、といった強烈な縦揺れに思わず身構えるが、揺れは単発に終わった。

咄嗟《とっさ》に辺りへと視線を巡らせたところ、事の異常さに気が付いた。

おかしい。絶対におかしい。

何故ならば、水面が全く揺れていない。しかも、辺りの木々の梢《こずえ》も平穏そのもの。

もしかして、気のせいなのか。あんなに揺れを感じたのに？

小首を傾げながらも、改めて準備に戻ろうとしたとき。

こない。

辺りはしんと静まり返っており、無風状態のせいなのか、木々のざわめき一つ聞こえて
ギョッとして後ろを振り向くが、当然の如く誰もいない。

突如、耳元で囁《ささや》くような声が聞こえてきた。

「……い……い……い……い」


「……いた……い……いた」

作業に戻った途端、先ほどより声が明瞭になってきたが、それでもよく分からない。

半ばうんざりしてきて、思いっ切り舌打ちをした、そのとき。

「……いたい……いたい……いたい……イタい……イタい……」

はっきりと聞こえる。女性の声に間違いない。先ほどまでの囁き声ではなく、呻《うめ》き声の
ようにも捉えることができる。

薄気味悪くなって大声を出そうとするが、喉はすっかり枯れ果てており一切役に立た
ない。

逃げ出そうとしても、身体がこれっぽっちも言うことを聞かない。

「……イタい……イタい……イタい……イタい……」

突如、目の前に何かが浮かび上がってきた。

最初は曖昧模糊《あいまいもこ》として捉えどころがなかったが、次第に形を為していき、いつしか二人の人間の姿になっていた。

靄の掛かった男性と女性。薄ぼんやりとしており上半身の一部しか見えないが、まるで手でも繋いでいるかのように、ぴったりと寄り添っている。

二人とも顔面と首の辺りはざくざくに傷付いており、真っ赤に染まった上着の元の色はもはや分からない。

「……イタい……イタい……イタい……イタい……イタい……」

女の唇が歪《いびつ》に動いたかと思うと、今にも消え入りそうな声が耳に入ってくる。

脇に佇む男の唇は真一文字に引かれており、一言も発しない。

あまりの恐ろしさに、自分の呼吸が荒くなっていくのが感じられる。

相当血圧も上がっているのであろうか。目眩《めまい》にも似たふらつきを感じるが、不思議と身体は動かない。

「……痛い、よぉ」

その一言が聞こえた直後、目の前の二人は一気に消え去り、山之内さんの身体も自由を取り戻した。

「いやいや、ケチるもんじゃねえよな。あんなおっかねえところ、二度と行かねえよ！」

山之内さんは釣場を口汚く罵りながら、そう言った。

「ところで、テレビやネットでニュースって見てます？　もちろん、新聞でもいいんですが」

ふと疑問に思って、私は彼に訊ねた。

「そんなもん見る訳ないよ。俺は釣りニュースしか興味がないから」

「……そうですか。そうですすよね」

この場では、そう言葉を濁す他なかった。

死道

「……大分昔ですけど、奇妙な場所に住んでいたことがありまして」

会社の飲み会で、新入社員の倉田がぼそりと呟いた。

新入社員といっても年齢は小西さんより年上で、既に五十は超えていた。

「ふーん、コレでも出る場所だったんですか？」

小西さんは両手を胸の辺りでだらりと垂らしたが、倉田は神妙な顔付きで話を続ける。

「オバケっていうか、何というか。うーん、イマイチ説明しづらいんですが」

そう言いながら、すっかり冷え切ってしまった熱燗をちびりちびりと舐めている。

「面白そうじゃないですか。詳しく話してもらえますかね」

小西さんは期待の眼差しで、年長の新人を見つめた。


おおよそ三十年くらい前の話になる。

大学を卒業したばかりの倉田は、内定が出た会社の近くでアパートを探していた。

不動産屋にたまたま知り合いがいたので、彼に紹介してもらうことになった。

とはいっても家賃が相場よりも安くて、そこそこ綺麗なワンルーム、といった条件である。

だが、彼の知り合いはいとも簡単にその物件を見つけ出し、早速紹介してくれた。駅からは少し遠かったが、家賃は手頃でバス停が近くにある、なかなか良いアパートであった。

話はとんとん拍子に進んでいき、後は形だけの内見をして契約する段取りとなっていた。

「もう間もなく着くからね。あ、ここを右に曲がって」

不動産屋が指差したところには鬱蒼《うっそう》とした竹藪が広がっており、その先には小綺麗なアパートが見えていたが、どうやらそこではなかったようだ。

何故なら、そのアパートに今にも辿り着かん、というときに竹藪の手前で十字路を右に曲がって、また歩き始めたからである。

そしてまたすぐに左に曲がると、ほんの少しばかり歩いて、また左に曲がった。

「……えっ、ここなんですか？」

倉田の驚きも無理はない。

何故なら、目的の場所は先ほど見えていたアパートでやはり間違いなかったからである。

となると、誰でも同じ疑問が湧いてくる。

「どうしてさっきの十字路をまっすぐ来なかったんですか？　目と鼻の先だったのに、あんな遠回りなんかして……」

不審に思った点を素直にぶつけると、知り合いは不思議な表情をしながら、言った。

「へっ？　ああ、そういえばそうだよな。でも、何か嫌じゃない、この道？」

そう言われてよく見ると、何やら不気味な感じがする道であった。

真っ昼間にも拘らず何処となく暗い雰囲気に包まれているし、他の道には通行人が普通に歩いているのに、目の前のこの道だけは人っ子一人いない。

しかし、そんな理由だけで道を避けて通るものであろうか。

だが、目の前の不動産屋が嘘を吐いているとは到底思えなかった。

「とにかく通らないほうがいいよ、ここだけは」

そう言いつつ、嫌なモノでも見るように道路へ向かって一瞥をくれると、不動産屋はアパートの敷地内へと足早に入っていった。

確かに、不動産屋の言うことは本当であった。アパートの側にある竹藪に面した例の道路は、住人達にも忌み嫌われていたのだ。

引っ越しの挨拶で粗品を持って一軒一軒回っていると、住人の一人に捕まって話しかけられた。

いかにも話し好きの中年女性で、あれやこれやと矢継ぎ早に話しかけてくる。

おおよそ三十分以上は拘束されたであろうか。その殆どの時間があの道のことに費やされたのである。

「ぜっっったいに何か棲んでいるわよ、あの道は！」

「そう聞きますけど、本当なんですか？　一体、どういうことなんですかね？」

「……ここだけの話だけど……」

彼女が言うには、とにかく生き物が死ぬ道、だという。

十年ほど前まではごく普通の道路で誰もが皆利用していたが、五年ほど前から事件が頻発したらしいのだ。

散歩中の犬が突然死する、空を飛んでいた雀や鴉が大量に落ちている、猫や狸が死骸で見つかる、等といったことが頻繁に起きていた。

そして、一昨年の出来事が決定的だった。

この道で、七歳の男の子が行方不明になったのである。

当時このアパートに住んでいたお爺さんが、たまたまその現場を目撃していた。

小石を蹴りながら道を歩いていた男の子は、突然大きな影に包まれたかと思うと、物音一つなくその場から忽然《こつぜん》と姿を消してしまったという。

お爺さんは警察に協力すべく、熱心に一部始終を説明したが、残念ながら信じる者は誰一人としていなかった。

そして失意に沈んだお爺さんは、間もなくアパートからいなくなってしまったということである。

「本当なのよ、全部。テレビの取材まで来たのよ、ここは。有名なんだから」

そう言いながら、彼女はドアを大きく開け放った。

「寄ってかない？　美味しいケーキがあるのよ」

彼は頭を左右に激しく振って固辞すると、足早に自室へと戻っていった。


「自分も気味が悪かったんで。他の人と同じように、あの道は避けていたんですが……」

木枯らしが吹きすさぶ、ある師走の晩のこと。

残業で遅くなった倉田は、下腹部を押さえながら、重い足取りで自宅への道を歩いていた。

昼に食べた弁当が合わなかったのか、駅から降りた辺りで軽い腹痛を覚えたのだ。

しかし、何とか行けるだろう、と甘い考えを持ったことが次第に悔やまれてきた。

もうすぐ家に着く、というところまで来たとき、如何ともし難い腹痛に苛《さいな》まれたのだ。

アパートは目の前に見えているが、ここから右に曲がって遠回りしなければならない。

だが、そんなことをしていれば大惨事になってしまうことは明らかであった。

もはや、迷っている余裕はない。

いつもは絶対通らないこの道を、ややぎこちない足取りで進んでいったのである。

別にどうということはないのだが、皆に洗脳されたことが影響したのか、正直おっかなくて仕方がない。

今にも何かが起きそうで、内心びくびくしていた。

しかし、それより何より、今は最短の道筋を辿る必要があったのだ。

あと数歩で家に着く、というところで右足が何か柔らかいものを踏み付けた。

ぐにゃり、といった感触は驚くほど気味が悪く、今まで経験したことのない嫌悪感で一杯になった。

心臓が早鐘を打ち、その鼓動がやけに煩《うるさ》く感じられる。

前を向いていた視線を、徐々に右足へと移していく。

思わず、全身に氷水をぶっかけられたかのように、ひゃっと飛び上がった。

右足で踏み付けたもの、それは一葉の白黒写真であった。

表情がやけに険しい、着物姿のふくよかなお婆さんが写っている。

しかし、倉田の頭の中はパニック状態で、何をすべきか判断できずに、その場であたふたしていた。

〈柔らかい……一体、どうして……ただの写真なのに……えええええええ〉

そのとき、耳元で声がした。

樟脳《しょうのう》と煙草の入り混じった臭いとともに、その嗄《しわが》れた声は言った。

「おばんですぅ。モリタですぅ」

そこから先はあまり覚えていない。

「実際、あんな体験をするまで知らなかったんですが……」

彼の住むアパートの隣には竹藪が茂っており、その奥には廃屋があった。

「同じアパートの住人によると、そこの表札に、森田って書いてあるって話なんですが……」

それを確かめる勇気は、当時の彼にはこれっぽっちもなかった。

「でも最近はアレじゃないですか。そういった廃墟の中身とかをネットで配信しているじゃないですか」

倉田はそう言って、追加注文した熱燗が注がれたお猪口を舐め始めた。

「例の廃屋はまだあるらしいんで。いつか誰かがやってくれるんじゃないか、と愉しみにしてるんですよね」

屋台

田村君が大学の友人らと家で酒を呑んでいるときだった。

「おっ、またあの屋台来てっぞ！」

ベランダで煙草を吸っていた村瀬がそう叫んだ。

炬燵でビールを数本空けたところで定番のつまみも切らしてしまい、彼らはすっかり飢えていたのだ。


「河合と村瀬って奴と三人で宅飲みしてたんです。物足りないけど今更居酒屋もダルいなって。コンビニは……最近のコンビニって何か味も量も品揃えもいまいちな割に、高いじゃないですか。ＳＤＧｓだか何だか知らないけど」

背景に新型コロナウィルスの流行がある。田村君の住む地方都市ではそれほど厳しい自粛要請が出た訳ではないが、たまたま幾つか馴染みの居酒屋が閉めてしまった。

遅い時間でも繁華街で探せば営業しているところはあっただろうが、そもそも酒は十分だし何より面倒だった。

そんなところに屋台のチャルメラが響いてきた訳だ。

「前にも、似たようなタイミングで屋台が来て、三人で行ったんです。したらもうこれが大当たりで」

前回の成功体験があったから、三人は取るものもとりあえず我先にとアパートを出た訳だ。

夜も遅い時間だった。

寒空の下にもくもくと湯気が立って、赤い提灯が輝いている。

こんな御時世柄にも拘らずチャルメラ鳴らして回ったら、近隣の呑兵衛が集まってさぞ大繁盛かも――そんな予想もあったが、空き地めいた鉄道の車両基地を囲む金網の前でぽつんと輝く屋台には、他に客の姿はなかった。

三人ががやがやと暖簾《のれん》を潜って座る。

屋台のおやじは酷く痩せた男で、七十くらいに見えた。

「おやじさん前もこの辺来たでしょ」と訊くと、おやじは「覚えてねえなあ」ととぼける。

挨拶もそこそこにカウンターの向こうを眺める。並ぶおでんと、シンプルな醤油ラーメンのスープ鍋。

「学生さんかい」と訊かれたので、田村君は「東京大学でオヤジ学を専攻してます」と軽口を返す。ここは東京ではない。

「へぇ。偉いもんだね」

おやじも慣れたものだ。

「で、暫くおでん食べながら、馬鹿話してたんです。おやじさんも軽く弄《いじ》ったりなんかして」

世間話程度に訊いたところ、おやじは駅の向こうで営業しているが、客が全然いないのでこの頃は渋々こちら側にも足を延ばすことがあるのだそうだ。

おやじがあまりにも億劫そうに言うものだから、田村君は何故こっちに来なかったのか訊いてみた。

「訊いたら、『土地が悪い』みたいに言われたんですけど。何のことか分かんなくて『ふ～ん』みたいなリアクションしちゃったけど」

ともあれ、馬鹿話もおやじというオーディエンスを得て一層力が入った。

その内、ふと河合という友人が、ラジオの音の異変に気付いた。

最前まで普通のポピュラー音楽を流していたはずが、ぷつりと静かになったなと思うと急に異国語を喋りだしたのだ。

「――？　それ何語？　韓国語？　村瀬、おまえ第二外国語そっち系だろ」

しかし村瀬は「さぁ」と首を横に振って「知らねえ。東南アジアかどっかじゃねえの。混線だよ」。

「ラジオなんだから線はねえだろ。あれだよあれ、宇宙から電波が来る奴」

その地方では、電離層の反射で外国の放送が入ることがある。

気にしないことにして談笑を続けるものの、ラジオの声は何だか沈痛で、意味が分からないながらも何やら切迫した感じがあり、無視できなかった。

まるで災害の犠牲者の名を訥々《とつとつ》と読み上げているようにも聞こえた。

「おやじさん、そのラジオ、何処の局？」

おやじはおでんを弄《まさぐ》りながら、「ん？」と台に乗せたラジオのほうへ顔を向ける。

「……またか」

そう言うと、鍋からスープを混ぜる柄杓《ひしゃく》を取り上げ、屋台の裏から表に出ていってしまった。

田村君らは思わず振り返って暖簾を上げる。

するとと道の反対側、殆ど空の駐車場の暗がりに、何やら訳ありカップル風の男女が佇んでいる。

二人は――ずぶ濡れだった。男のワイシャツがびたびたになっている。雨は降っていない。

歳の差があり、女のほうは随分若い。中学生と言っても通るような印象だが、顔は疲れたおばさんのようにも見える。

小声で、村瀬が「何だあれ」と呟く。

「手。手見ろ」

言われてよく見ると、年の差カップルはお互いの片手首をそれぞれ紐で結び合わせていた。

「え？　どういうこと？」

田村君の疑問に答える者はない。

屋台のおやじがつかつかとその二人に近付き、手にした柄杓を二度、三度と振るってラーメンのスープを掛ける。

するとこちらを向いていたはずの二人は、全く気付かない内にいつのまにか後ろを向き、そのまま夜の駐車場の奥へと消えていった。

「――おやじさん、今のって何？　お客さん？」

「忘れもんだよ」

意味が分からなかった。

「え？　今、ラーメンのスープかけた？」

ラジオが、いつのまにか元の音楽番組に戻っていた。

「……うちのは塩っ辛ぇからな」

彼らは気を取り直しておでんを追加で注文し、よく染みた熱々の大根を頰張って熱燗を呷《あお》った。

「で、暫く馬鹿話してたら、またラジオがおかしくなったんですよ。ずーっと無音になって、たまに言葉が、今度は日本語なんだけどやっぱり何か変な――ぼやきみたいな？　何を言ってるかは分からなくて」

ラジオは、一定時間無音が続くと放送事故として扱われる。通常の放送であれば、それは放送事故に相当する空白であるように思えた。

「僕らね、ＳＤＧｓなんですよ、ＳＤＧｓ！　分かります？　おやっさん！」

「……すげえダメな学生三人ってことだろ」

アリャー、当てられちゃったよと騒ぐ河合をよそに、田村君はラジオに聞き入っていた。

無音に、たまに混じるノイズ。そして更にたまに聞こえる男の声は、僅かな呻き声に交じって、吐き出す呟きのようだ。何を呟いているのかまでは聞き取れない。

主に、横で酔っ払いが騒いでいるせいだろうと田村君は思った。

「なあ、ちょっと静かに……」

そう言いかけて、ふと田村君はおやじの背後、奥の暗がりに目を留めた。

瞬間、おやじも何かに気付いて振り返る。

その先は金網、その更に向こうは大部分空き地と見分けが付かないような、スッカスカの車両基地と何かの開発予定地で、この刻限には真っ暗である。

その暗闇にぼんやりと浮かび上がる、ランニング中の男の姿があった。

短パンに半そで。

男は、立ち入り禁止の真っ暗な空き地をランニングしている。

せっせと上腕を振って腿を上げているが、少しも進んではおらず、ずっと同じところで足踏みしているのだ。

田村君は言葉を失った。

他の連中も気付いているのかは分からない。田村君はただ言葉をなくして、男の走るフォームをじっと見てしまった。

すると、男のほうもこちらに気付いたのか、「やぁ」とばかりに右手を挙げて応じた。

「……学生さん、悪ぃが今日は店じまいだ」

おやじが突然そう言った。

えーまだラーメン食べてないのに、と二人が言うが、おやじは交渉の余地なしとばかりに手早く食材を片付け始める。

「おやじさぁん、まだ早いでしょ。だって今……」

村瀬がそう言って懐を漁って「あれ?」――と何かに気付く。

時計を確認しようとしたが、スマホがないのだ。続いて河合も「あれ、スマホがない」と慌て、田村君も自分のスマホがないことに気付く。

その間も、ランニング男はずっとこちらに向かって走るフォームを続けている。河合と村瀬は気付いてもいないようだ。

「――おまえら、金まで忘れてねえだろうな」

財布もない。慌てて家を出たので、煙草以外何もかも忘れてきたのだろうか。

「やっべ。財布、テーブルの下に置きっぱかも」

田村君も、自分のベッドの上でスマホを見たのが最後の記憶だ。財布も確か、枕元辺りに投げ出したまま。

田村君は慌てて立ち上がる。代表して財布を取ってくると名乗り出た。

おやじはやや後方のランニング男のほうを見て、「急いで頼む」と頷いた。

「まさか三人揃ってスマホもなしに長々と呑んでるなんて……と思うでしょ？　そのときは本当に気付かなかったんですよ」

田村君のアパートまでほんの二ブロック程度の距離だったので、彼が一人で財布を取りに行くのはごく自然な成り行きだった。

しかし彼には別の考えもあった。

「何か……厭だったんですよ。あのランニング男を見たとき、屋台のおやじさんの顔が――引き攣《つ》ったんです」

明らかに不審な訳ありカップルに対してはまるで野良犬でも追い立てるように粛々と対処したおやじが、ランニング男を見た途端に血相を変えて店じまいを始めた。

しかもランニング男はこっちを見て、『やあ』と手を挙げたのだ。

ラジオも相変わらず不気味な呻きを流していた。

あの場にいたくなかった。

屋台を出ると、自分が思ったよりも酔っていることに気付いた。

足下はややふらつき、夜風がコートの襟から入ってトランクスの裾へ、尻まで冷水を流し込むようだ。

最初のブロックの角に、あの訳ありカップルが立っていた。二人はまるで待ち伏せでもするように、通路のやや奥、死角のところにいた。

二人が俯く前を、田村君は息を殺して通り過ぎる。

(あれ、一体何なんだよ)

通り過ぎてから振り返ると、通路から出た二人がこちらに向かって立っている。

やはりずぶ濡れだった。

一人冷静になって考えてみると、生きている人間とはとても思えない。

田村君は足早に次のブロックを目指す。

次のブロックの角を曲がって少し歩くと、今度は背後から「せっせせっせっ」と声が聞こえてくる。

驚いて振り向くと、暗がりをこちらにランニングしてくる半そで短パンの男がいた。

田村君は短く叫んでアパートに転がり込んだ。

家に入って最初に気付いたのは、水道の水音だったという。

「入ってすぐの台所です。何か、流しにコップが一個だけ置いてあって、そこに水が、勢いよくこう、ダーッっと——」

溢れていた。溢れても溢れても、上から蛇口全開の水が注ぐ。

「財布とスマホはありました。これも何か、三人分きっちり揃ってテーブルに並べてあったんです。まるで、俺が取りに来るのを待ってたみたいに」

それを見て、彼はその場にへたり込んでしまった。

自分達が酒を呑んで馬鹿話しているとき、知りようのないところで何が起きていたのか

——それは想像することすら難しい。

言えることは、自分達は誰一人、スマホや財布をきちんとテーブルに並べておいたりしない、もしそうしていたなら忘れるはずもなかったということだ。

誘われるがまま、財布を持ってあの屋台に戻るのだろうか。

それは——とてもではないが、もう考えられなかった。きっと帰り道にも、あのカップルやランニング男が待っているに違いないと思えたから。

「二人には申し訳ないんだけど、結局暫く家から出られませんでした。まぁ、俺も酔ってたし――」

翌朝漸く少し東の空が白み始めた頃、戻ってみるとそこにはもう屋台はなかった。銀色の防寒シートの下で河合と村瀬が寝ていた。

「それからあの屋台は見かけませんね。まぁ、来てももう、俺ら出禁でしょうけど」

配送のおしごと

大貫さんは数年前に脱サラをして、今では個人事業主として大手通販の配送業を行っている。

「最初は結構稼げたんだけどね。御存知の通り、今は競争が激しくて……」

通信販売を利用する人が年々増加していき、今では一人で抱える荷物の量が飽和状態とのことであった。

更に、配達の単価も下落が激しく、固定費は嵩んでいき、朝から晩まで忙しい割には思った稼ぎができない状況なのである。

「もう俺の歳じゃ身動きできないけどね、絶対にサラリーマンのほうがいいよ。あとね、嫌なクレームもキツいしね。それと、場所。おかしな場所ってのはどの地域でも必ずあるから」

「おかしいと言いますと、どんなのがありました？」

私の問いに、彼は思い出したくもなさそうに厳しい表情をしながら、渋々語ってくれた。

大貫さんが担当している配達エリアに、薄気味悪いところがある。

そこは交通量の激しい国道からやや外れた辺りに位置しており、河川と河川に挟まれた狭い一角であった。

特に縁起の悪い土地ではないし、何らかの曰くがある訳ではない。

ごく普通に住宅地になっており、小綺麗な家屋が建ち並ぶ一見お洒落な場所であったが、その中に小汚い木造アパートが一棟存在している。

そのアパート自体には配達に行ったことは今までなかったが、付近を通るだけで、ほぼ毎回トラブルが発生する。

あのアパートの真ん前で、大小の交通事故を目撃したのは六度ほどある。

また、人間を含めて、様々な動物の死体を発見したことも数多くある。

恐らく数十回くらいしか通っていないにも拘らずこのペースであるから、絶対に何かあるのではないかと考えている。

しかもそれだけではなく、自分の車やスマホにも原因不明の異変が生じるので、正直なところあまり近寄りたくはなかった。

ある晩秋のこと。

その日もハードな一日であったが、あと数件で配達が終わりそうであった。

「……あっ！　そうだった。うっわァ、最悪」

残った荷物の配達場所を確認していると、思わず仰け反った。そうだった、例のアパートが残っていた。とうとう、あのアパートへ配達に行く日が来てしまったのだ。もちろん、行きたくなかったので最後に回しただけであったが、何故そのような重要なことが頭の中からすっぽりと抜け落ちていたのか、さっぱり分からない。

よく考えてみなくとも、薄気味悪い所には日中に行ったほうが良いに決まっている。日が落ちてから行くのは絶対にお勧めできない。

大貫さんは自分の判断を心の底から呪ったが、過ぎてしまったことはどうしようもない。

もちろん今日配達しなければならない荷物に違いはないが、何らかの理由を付けて、明日に回してしまうといった手もある。

だが、それだと荷物を置きにセンターへと戻る必要があるので、それだけは避けたかった。

大貫さんは軽自動車の中でぶつぶつと独り言《ご》ちながら、目的地へ向かって車を走らせた。

時刻は二十一時を少し回っていた。

様々な灯で彩られたお洒落な住宅街を抜けると、辺りは一気に薄暗くなってしまう。疎らに設置されている常夜灯は他の場所に比べて相当質が悪いんじゃないかと思わせるほど、薄暗くちらちらとしている。

やがて、舗装道路の状態が悪くなっていき、いつしか砂利道へと変わっていく。道路の両端を覆い隠すように名も知らぬ木々が生い茂り、月明かりすら遮断している。そこを抜けると、また舗装された道になっており、突き当たりに目的のアパートが建っている。

もちろん付近には幾つかの家屋が建っているが、あまり遅い時間でないのにも拘らず、一軒たりとも灯が点っていない。

大貫さんは小汚い木造アパートの前に軽自動車を駐めて、外へと降り立った。流石に吐く息が白んではいないが、それでも身体が一気に冷え切っていく。

二階にある隣り合った二部屋に配達が完了すれば、今日はこれでお仕舞いである。

軽自動車の後部座席から小振りな段ボール箱を二つ取り出すと、しっかりと持ちながら二階へ向かって錆びた階段を一段一段登っていく。

有り難いことに、二階へ上がってすぐの部屋には住人がいてくれた。

呼び鈴を鳴らすや否や即座に出てきた小太りの学生らしき男は、大きな音を立ててゲップをしながら判子を押すと、荷物を搔《か》っ攫《さら》って勢いよく扉を閉めた。

がちゃり、といった施錠の音を聞きながら、今度は隣の部屋の前で呼び鈴を押した。

だが、留守なのであろうか。呼び鈴を幾ら鳴らしても、誰も出てこない。

扉のすぐ脇にある小窓から部屋の明かりが漏れているので、住人は在宅していると思われるが何の反応もない。

細かな音も聞き漏らさないように耳を澄ませながら何度か呼び鈴を押すが、それに呼応する音は一切聞こえてこない。

呼び鈴が壊れているのかと思い、ドアを拳で数回程度、軽くノックした。

すると、突如生臭い風が辺りに漂い始めた。

まるで腐肉を煮詰めたような濃厚な臭いが、あっという間に鼻孔に充満する。

同時に目と鼻から体液が溢れ出て、思わず噎《む》せて咳き込んでいると、突然周りに気配を感じた。

涙目のまま周囲に視線を巡らすと、何かは分からないが、黒い物体が半円状に取り囲んでいる。

両目を擦りながら改めて見回す。

一瞬、息が止まった。

まるで影を思わせる漆黒の人々がひしめき合うように、彼を取り囲んでいた。

その真っ黒な奴らは、至極緩慢な動きで全身をぎこちなく震わせながら、少しずつ少しずつ、半円を狭めてくる。

大貫さんは思わず、大声で悲鳴を上げた。

頭の天辺から足の爪先まで漆黒の人型は、そんな大声に怯むそぶりも見せずに、次第にその距離を縮めてくる。

もう無理だ。もう我慢できない。

腹の奥底から雄叫びのような声を張り上げながら、持っていた荷物を所構わずぶるんぶるんと振り回し始めた。

そして手にした荷物をぶん投げると、奴らの間をすり抜けるようにして走り出した。

「夢中だったんだろうね。あんな狭い廊下から、後先考えずに全速力で走りだしたんだから」

廊下を駆け抜けて一階に下りる階段の中程で、いきなり何かに躓《つまず》いた。そのまま転げ落ちたところまでは何とか記憶に残っている。

もしかしたら、そこで気を失ったのかもしれない。

何故ならば、そこから先のことは殆ど覚えていないからである。

気が付いたときには既に明るくなっていた。

何故か、例のアパートから数キロ離れた、不法投棄で有名な廃工場の空き地に愛車を駐めて、助手席でがたがたと震えていたのである。


我に返ると、あのとき荷物を投げつけたことが物凄く気になったが、幾ら明るくても怖くて一人では戻ることができない。

友人に頼み込んで何とか同行してもらったが、あの荷物は廊下に転がったままであった。

大貫さんは溜め息を吐きながら、早朝にも拘らず受け取り場所の呼び鈴を押そうとした。

「……おい、ちょっと待ってよ」

荷物に貼付してある送り状の宛名を見ながら、友人が言った。

「ここって、さ。荷物に貼ってある住所と全然違うじゃん。何やってんだよ、おまえ」

大貫さんは小首を傾げながら、荷物の住所を確認してみる。すると、確かに違う。本来配達すべき場所は、ここから数キロ離れた所にあるはず。

その場で深呼吸をした後で、改めて周囲に視線を遣ってみる。

扉の中央に位置している郵便受けは全てガムテープで塞がれており、窓ガラスもあちこち割られている。

そこは、何処からどう見ても、疾《と》うに住人を失ってしまった廃アパートであった。

昨日配達したはずの部屋も、扉は半壊の状態で、呼び鈴部分は外されてなくなっていた。

破損した部分から恐る恐る部屋の中を覗いてみると、部屋の中には生活ゴミを始めとする雑多な残置物で溢れており、更には野生動物らしき白骨も床に転がっている。

「おまえさぁ、何でこんな所に配達に来たの？」

顔を顰《しか》めながら発せられた友人の言葉に、自分でもさっぱり分からない、と大貫さんは呟きながら、その場で膝から崩れ落ちてしまった。

「でも、一軒は配達できたんだよな？」

その言葉にこくりと頷くと、住所が書かれた紙片を差し出す。

「……やっぱり。この荷物と同じアパートじゃないか」

友人は大きく首を振りながら、大貫さんが配達したはずの部屋の前へと移動した。

そして割れた窓ガラスの隙間から中を確認すると、一言呟いた。

「……落ちてるよ、最初の荷物。ほら、おまえも見てみなよ」

友人を押しのけるようにして確認してみると、確かに昨日手渡ししたはずの荷物が未開封のまま、腐った畳の上にぽつんと置かれていた。

「結局回収して、配達自体はできたんですが……納得がいかないというか何というか」

憮然とした表情を隠しもせずに、大貫さんは続ける。

「おかしいでしょ。どう考えても」

どうして、正しい住所が記載された荷物を、全然違う住所に届けようとしたのか。

そして、何処からどう見ても廃墟にしか見えないあのアパートに、どうして住人がいると長い間思い込んでいたのか。

「もう、あの一帯には近付けないですよ。おっかなくて」

迷路

「怖い話っていうか、変なことならありましたよ」

結子さんは、一瞬だけ表情をパッと明るくしてそう言ったものの、またすぐにトーンを落として俯いた。

そのうち彼女は、思い出したことを話してくれた。時系列に沿って纏めると、それは十年以上前、当時彼女がお付き合いしていた彼氏からの電話が最初になる。

「深夜に彼氏から電話が掛かってきたんです。その頃はまだガラケー使ってて」

ピロピロピロとLEDが点滅して電話が鳴った。ディスプレイには『達也』と彼氏の名前。

彼女は眠い目を擦りながら通話ボタンを押した。

彼氏は第一声の前から、落ち着きのない、雑踏のような呼吸だった。

「――結子？　やっと繋がった。今、おまえんち向かってんだけど、迷ったんだ」

寝起きの混乱もあろう。意味が分からなかった。彼女は色々な考えが噴出して、髪をぐしゃぐしゃと掻いた。

「結子？　聞こえてる？　何か変なんだ。タクシー降りて、歩いてたら何か違ってて」

「——そうじゃなくて。え？　何？　ウチ？　来るの？」

会話が成立してないのは自分でも分かる。でも正しい問いかけが分からない。そもそも、こんな時間に連絡もなしに来るなんて非常識だし、電話で起こしたことへの気遣いもない。ふだんの彼は、決してそういう気遣いのないタイプではないのだが。

「壁が何か違うんだよ。曲がっても曲がっても知らない道で……」

酔っ払いだ——と結子さんはそう考えた。

声の調子は酔っている感じではなくむしろ緊迫していたが、そう結論するよりない。

確かに、彼女の家は通りから奥、一方通行からまた一方通行へ入った、分かり難いところにあった。でも決して迷うような道でもないし、彼氏は酷く酩酊しているときでも辿り着けた。

ならば大方酔って、違う道でタクシーを降りてしまったのかもと考え、面倒になった彼女はこう答えて電話を切った。

「あ〜……。じゃあ近くまで来たら教えて。寝てたから。顔洗って待ってる」

「結局その日はそれきり、電話もなくって。その後は折り返しても繋がらなかったし。着信履歴見たら、確かに電話はあったんですよね」

その日どころか、それから暫く彼氏とは音信不通になった。

次に連絡が付いたのは三週間後。

「でもあの夜の電話の件は、何も言ってくれなくて。何か別人みたいによそよそしくなって、そのままお別れに」


それから更に五年ほど経って、彼女は別の男性と付き合っていた。

その彼氏からもまた深夜、もう早朝に近い時間に電話があった。

この金曜、彼女は新年会の三次会の帰りで、タクシーの中で電話を取ったそうである。

『——結子？　やっと繋がった。今、向かってるんだけど、何か迷ったみたいで』

デジャヴである。

この五年間の間に、彼女は二度引っ越しをした。もう前のように住宅地の奥まったアパートではなく、環七沿いの、一階がコンビニのアパートである。どうしたって迷いようがない。

「ちょっと何？　待って。向かってるって、何処へ？」

『いやいや……さっき電話で言ったよね？　家行くって。今飲み会終わって家だって言ったよね？　その後全然繋がらないから』

言っていない。そんな電話もしていない。

このときは自分のほうが酔っ払っているのじゃないかと一瞬考えた彼女だったが、三次会の会場は地下で彼女のスマホは電波が入らなかった。

一瞬「待って」と言ってスマホの履歴を確認したが、そこにも通話履歴はない。

そこで疑ったのは浮気である。

「……ちょっと。電話って誰にしたの。私、そんな話してないんだけど。履歴にないし、第一まだ家にいないし」

『いやいや。いやいや。君だよ。こっちの履歴にはあるから。三時三十一分。通話時間四分五十八秒。履歴にあるから見せるって』

通話時間が妙に長いことも気になったが、三時半ならもう一時間も前のこと。もしそうなら自分のスマホに誰か別人が出て、嘘のアポイントメントを取ったことになる。

「え？　ちょっとごめん、ほんとに……知らない。でも待って、私まだタクシー乗ったばっかで……今何処？」

『それがさ……分かんないの。いつものパーキングに駐めたんだけど、歩いてたら……何か変な住宅地？　道が狭くて、木の塀が続いてて……近くにそんなとこある？』

住宅地なら覚えがあるが、木の塀など見た覚えがない。

地図アプリを開けばGPSの位置情報がおかしく、何処かの山の中にいることになってしまうらしい。

『電柱は何か、木の柱みたいなやつで、黒くて炭みたいになってて、住所の表示がなくって。あ、待って立て札がある。えっと——なんだこりゃ』

電話はそこで切れてしまった。

慌てて折り返したが、何度掛け直しても呼び出し音が鳴る前に電話が切れてしまう。

何だか大変そうですねぇ、とタクシーの運転手が苦笑交じりに言った。そろそろ家が近付きつつある。

不安を紛らわすため、結子さんは運転手に木の塀が続いていて、炭みたいな電柱のある場所を知らないかと訊ねてみたが。

「今日日そんな電柱、東京じゃ見ないですよ。私の故郷の長野辺りではね、そうね、ま〜、昔はありましたが」

そこに、彼氏から『ここ』というメールが届いた。本文はなく、一枚の写真が添付されていた。

写真は現在地を示したつもりなのだろうか——真っ暗な場所のものだった。左右に木の塀が続いて、古めかしい街灯の先で突然左に折れている。

全く、少しも心当たりのない場所だった。

「その人もその後暫く連絡が付かなくなって、結局上手くいかなかったんです」

それから更に三年ほどが過ぎた。

当時、真剣に結婚を考えていた彼氏がいた。

「といっても、何となく『この人と結婚するんだろうな』と思って貯金とか始めた——くらいですけど」

その彼氏のほうはやや浪費癖や放浪癖があって、結子さんはそれだけが気懸かりだった。

「浪費っていってもギャンブルとかお酒とかじゃなくて、旅行ですね。でも『二人でする旅行は無駄遣いじゃない』って暗黙の了解みたいなものはあって」

ある冬の日、彼氏が急に思い立ったように結子さんを旅行に誘った。

着いたのは山陰のある町で、特に観光名所でもないところだった。小さく古い町並みが平坦に続き、近くに有名な温泉や史跡がある訳でもない。ただ生活のある場所だ。

旅慣れた彼氏は時折こうした場所をフラッと訪れてはガイドにもない隠れた名所を教えてくれるのだが、いかんせん遠すぎる。

最初は不審よりも期待があった。もしかすると彼氏の実家に連れていってくれるのでは、と考えたからだ。しかし彼氏の実家は関西のはず。彼女にとっても縁も所縁もない土地である。

その旅行二日目。散策は続いたが本当に何もない町で、彼氏のほうも当て所《ど》なく彷徨《さまよ》っているように見えた。

寒い日だった。何か温かいものを食べたかったが、たまに見かける食堂や中華料理屋は殆どが営業しておらず、スーパーで買ったおでんなどを歩きながら食べた。

流石に旅の目的を訊ねてもみたのだが、返事は「いやぁ、聞いただけなんだけど」と曖昧で要領を得ない。

更にしつこく訊いたところ漸く彼氏が少し口を開いた。

「……う～ん、迷路みたいな村？　っていうか集落？　何かそんな感じの」

スマホのＧＰＳによればこの辺りのはずだが、肝腎の目的地の位置情報は「いつもちょっと違う」のだという。概ねの場所だけは分かっており、頼りはそれだけ。

何それと彼女は言ったが、彼氏はそれ以上は語らなかった。

夕暮れ近くになってすれ違う人もなく、疲れ果てた結子さんは下ばかりを見て歩いていた。

疑問ばかりが増えてゆく——何しに来たのだろう。ここから宿まで戻るのにどれくらい掛かるだろう。ここは何処だろう。

いつのまにか、地面がコンクリートでなく剥き出しの土になっていた。顔を上げると、ここはもう町の外れの更に外れなのか、あちこちにあった商店も水路も消えて窮屈な路地に迷い込んだことに気付く。

異様な感覚に囚われる。これこそデジャブだ。初めて訪れた、地名も知らない場所の何でもない路地を、彼女は『知っている』と感じた。

彼氏には話していない。三年前、当時の彼氏から送られてきた『ここ』というメールにあった、あの真っ暗な路地に似ている。

電信柱も炭のようで、斜めになっている。

左右の高い壁は、民家の塀のようだがそれにしては入り口がない。ただ簡素な木の塀だけが延々と続く奇妙なところだった。

彼氏が「木場っぽい」と口走った。木場ならば切り出された材木が壁のようにずらりと立てかけられていることが屡々《しばしば》ある。それが皆塀になってしまったら、確かにこんなふうに殺風景で、高い塀の妙な区画ができあがるだろう。

だとしても彼女にはこれが現実の風景とは思い難かった。木場の材木がそのまま塀になってしまうことなどありはしない。

彼女らは塀に沿って歩き続ける。路地は、本物の迷路のように折れ、分かれ、同じ場所に出たり、いきなり袋小路になったりした。

古い木の立て札があった。しかしそれも道標ではなさそうだ。

「〝ぬ〟？　〝ね〟？」

立て札には、巨大すぎて描き切れなかった平仮名の一部のような曲線が斜めに重なって描かれているだけで、意味は全く分からない。

漸く確信した。

これは現実の町ではない。

「上は見るな」

彼氏がいきなりそう言ったので、思わず彼女は見上げてしまった。

高い塀の上、ギリギリのところから、頭が突き出ている。前髪を切り揃えた女が、目だけでこちらを見下ろしているのだ。

「あっ」

思わず声を上げると、女はヒュッと頭を引っ込めてしまった。

簡素な、隙間だらけの木の塀の向こうをダッダッと走ってゆく音が聞こえる。

一瞬見えたその女は、歳の頃は恐らく結子さんと同じ。まっすぐに切り揃えた前髪。気の強そうな眉。

「――知ってる人だ」

誰かは分からない。それでも確かに見たことがある。会社かそれとも学生時代か。名前も知らない、でも毎日のように見ていた顔。

「追わないほうがいい、「戻ろう」と彼氏が言うので、一も二もなく賛同し踵を返す。とはいえ元来た道を引き返せるとも限らない。ただ歩き続けるだけだ。

暫く歩いて同じような景色、古い電信柱を数える内、また塀の上にあの女の頭がひょこりと現れた。

結子さんは目線を下げ、彼氏に手を引かれて延々と歩き続ける。

辺りが段々暗くなってきた頃、突然舗装された道に出た。

眼下にはヘッドライトを点けた車が走っている。何処をどう歩いたのか、彼女らが『戻ってきた』場所は、山を切り開いた幹線道路の上、フェンスで守られた陸橋だった。陸橋の向こうは、雑木林で仕切られた古い住宅地。

振り返っても、廃屋のような民家が数軒並ぶばかりであの塀の迷路は影も形もなかった。

「そこが何だったの？　とか、どうしてあの場所を知ってたの？　とか、色々訊いたんですけど、彼はちゃんと答えてくれてないです。未だに」

結子さんはその後、彼と結婚した。

迷路で見たあの女が一体何者なのか、それも思い出せない。同僚や学生時代の友人にもそれとなく訊いてみたが、皆一様に「そんな人には心当たりがないし、あっても覚えてない」と言うのだ。

そして、かつて付き合った彼氏が皆、何故、どのようにしてあの場所に迷い込んだのか、過ぎたことはもう問いようもない。

全ては過去のことだと結子さんはそう思うことにした。

「旦那もそのほうがいいって言ってます。もう終わったことだって」

ただ――彼女は今も少しだけ不安に思うことがある。

その不安は、旦那さんの帰りが夜遅くになると訪れるのだそうだ。

「電話が鳴る度、思うんです。もし彼がまた、あの場所に迷い込んでたら。『今、向かってる』って電話口で言われたらどうしよう、って――」

鬼

奈津さん・亜樹君の姉弟は幼い頃、近所の山で遭難したことがある。

近所の山と言ってもその先はすぐに延々と続く山地だ。大変な騒ぎになってしまったそうだから、あまり軽々に話せることでもない。

「姉ちゃんが近道しようって言ったせいだよ」

「違うよ。あんたが学校で使うどんぐりを集めに行ったんでしょ」

それから長い年月が経ち、少なくとも弟の亜樹君のほうは、親戚や学校でも割と笑い話のように話してきた。ただ全部ではなかったというが。

姉の奈津さんはそれを苦々しく思うこともあった。

「亜樹は小さかったからきっと細かいこと忘れちゃってるんだよ。あんなに怒られて、近所にも顔向けできなくなったのに」

亜樹君のほうにはまた違う意見がある。

「姉ちゃんは自分が恥ずかしいだけ。変な水飲んで腹壊して、ずっと『うんこしたい』って泣いてて、俺は『危ねえからそこでしろ』って言ったのに。『イヤじゃ』って」

まったようだ。

「あのねえ！」

真偽はさておき、二人はそうして山道を逸れ、どうやら沢に沿って奥へと迷い込んでし

それほど寒い時期でなかったことは幸いした。草いきれで、とても湿度が高かったという。

まだ暗くなる前の時間であった。

幼い二人はまだそれを認めようとはしなかったが、とっくに山を下りる道を見失い、迷っていた。

そこで二人は、おかしなものに出会った。

「あっ」と亜樹君が声を上げた。

沢から見上げた土手の上を、輝くほど真っ白な何かが横切るのが見えた。

既に歩き疲れていた彼らも、思わず駆け出してしまうほどの白さ。

二本の長い耳。

兎だ——彼女はそう思った。

追い掛けよう、と二人は頷き合う。沢から土手を上がって、兎を追った。

「別に根拠があった訳じゃないですけど、何だかその兎が道を教えてくれる気がしたんです」

「姉ちゃんはアリスの読みすぎ」

兎は非常に臆病な性質で、逃げ足が速い。その姿を見て、導いてくれているように感じたとしても不思議はない。


二人が土手を上がるとそこに兎の姿はなく、なだらかに傾斜して奥へと続く低木の下生えが不自然に揺れていた。

どうやら兎はその中に飛び込んでしまったようだ。

がさがさと下生えの葉音を頼りに二人は藪を回り込んだ。

しかし、奈津さんの思いとは裏腹に、兎は更に山の奥へ奥へと潜り込み、辺りはどんどん暗くなってゆく。

奈津さんは木々の間から見える空を見上げて怖くなったが、ふと視線を戻したときは思わず叫んでしまった。

「亜樹！」

身体の小さな亜樹君が、獣道に入って藪の奥へと入ってしまったからだ。

今にして思えばそれは獣道だと分かる。しかし当時の彼らに獣道と普通の山道の区別が付いた訳ではない——彼女もまた『道がある』と思い、彼の後を追って藪へと分け入ってしまった。

前方から、亜樹君の「あっ！」という短い叫びが聞こえ、奈津さんは緊張した。

何があったのか——彼女は走る。

藪を抜けたその先は少し開けていた。そこで、亜樹君は尻餅を突いている。

奈津さんと亜樹君を結んだ延長線上に、四本足で地面に這いつくばる異形のものがいた。

兎ではない。

それは真っ白で人間並みに大きく、四肢はがっぷりと木の根を掴んでいた。張り出した肘や膝も人間のそれである。

それがむくりと上体を起こし、振り向いた。

裸であった。真っ白な姿。白い毛髪。そこから突き出した二本の長い耳——のようなもの。

二人は叫んで逃げ出した。

それから数時間後、彼女らは無事に保護された。

一番近い民家から五百メートルも離れていない場所だった。

二本の急ぎ足で彼らを導いたそれはアリスの白兎ではなかった。

兎ではなく――鬼であったという。

一番近くではっきり見た亜樹君は、それをこう説明する。

「アニメ見てて気付いたんですよ。あの耳は、ツノだったんですよ。蜘蛛《くも》みたいな白い鬼の一家が出てくるでしょ。ちょうどあんな感じでしたもん」

奈津さんはとても億劫そうに首を横に振った。

「全然違うよ。白いってだけで、ツノなんかこんな長かったでしょ。着物も着てなかったし」

異論はあれど、長い耳のように見えたのは二本のツノだ。

「ツノが長くても鬼は鬼だろ」

暫く議論は続いたが、二人はその正体について全く意見が合わず、奈津さんは「もういいよ面倒臭い。何でもいい」と言って別の話題に切り替えてしまった。

確かに、幼い二人が山で出会った異形に、いちいち名前を付けようとすることには意味がないのかもしれない。

少し別の話をした後、亜樹君が中座した隙に奈津さんはしかし――また蒸し返した。

先ほど彼女が『何でもいい』と退けた、鬼の正体についてだ。

「――あのとき弟は、叫んで、一番に逃げ出したんで、あれの顔を見てないんです」

亜樹君が逃げた後、その場には僅かな時間、奈津さんが取り残された。

「あれがこっちを振り向いたとき、見たんです、あれの顔、いえ、頭――。鬼のツノだって言いましたけど――そんなんじゃなくて」

二本のツノ。月明かりを反射して、輝くほどに真っ白な、裸の姿。

「ナメクジ、かなと」

ナメクジ――カタツムリ同様、陸生の貝類で、腹足類。足があった以上、ナメクジに似ているとは同意し難いが。

「顔もなかったんです。でも頭からニューッと伸びてるツノの先に、目玉だけ付いてたんです。その目で、こっちを見てました。あれは、ナメクジだったんです」

二本のツノ様の触角を持ち、その先端には眼が付いている。なるほどそれは陸生の貝類の特徴だ。

ならばそれは、兎でも鬼でもなく、ナメクジに似た人型の何か。

「――あんまり、思い出したくないんです」

悍《おぞ》ましそうに、奈津さんは少し身体を震わせた。

人形を巡る幾つかの雑談

「この間、友人宅に遊びに行ったら、〈ついに出た！　禁断の逸品です！〉……っていう煽りの小冊子がポスティングされてたんですよね」

「えー、なんすかそれ」

「あるじゃないですか。通販とかクーポン付いてたりする胡散臭い奴」

「ああ、ありますねえ。金運が開けたり新しい世界に誘われたりするアレか」

「そうそう、それ。でね、その商材っていうのが、日本人形なんですよ」

「おばあちゃんちのテレビの上に飾ってあるような？」

「そうそう。でも最近のテレビって薄くなったから、あの手の人形の居場所、テレビの上じゃなくなってません？」

「床の間どころか箪笥《たんす》のある家も減りましたしねえ」

「そうそう。……脱線した。でね、小冊子に日本人形の写真が載ってるんで、人形の通販か何かかなと思って見てたんだけど、何かおどろおどろしい感じなんですよ」

「怖がらせようとしている？」

「そう、それ。何かそれ、髪が伸びる呪いの人形らしくて」

「おお、怪談っぽい」

「その呪いの人形の伸びた髪の毛を、何千円だか何万円だかで売ってるんですよ」

「うわっ、やべえな」

「呪いの人形なのに、〈宝くじに当たりました！〉とか、〈彼氏ができました！〉とか。それ、呪いの人形じゃないんかい、と。笑った笑った」

「よく見たら、〈祝いの人形〉とか書いてませんでしたか」

「いやー、呪いでしたね」

「そういうの、実話怪談作家はみんな好きそうですよね。〈何処で買えますか！〉って食いついてきそうな人、いっぱいいるし。誰とは言わないけど」

「いそうですよね。物見高い」

「昔、出版社が羽振りが良かった頃、編集部の忘年会って大体ビンゴの景品もいいの揃ってたんですよ。まあ、中にはパッとしないものもあったんですが。で、その中に女の子が着せ替えで使う人形があって。狙ってはいなかったんだけど当たりましてね」

「〈リ〉が付く奴です？」

「〈バ〉が付くほうですね。貰ってきたはいいものの、特に興味もなかったんで三年ほど存在も忘れて部屋に放置してたんです。それで、親が遊びにきたとき〈姪にくれてやってくれ〉って言って押し付け……持ち帰らせたんですよ」

「女の子が持つべきものですもんね」

「そうしたら、〈髪が伸びてきて気持ちが悪いから返す〉って言って、実家から郵便で送り返されてきたんです。この話、割とあちこちでしてるんで御存知かもしれないですが」

「いや、私は初めて聞いたかも。あの人形のビニールの髪の毛って、熱や湿度で伸びるっていう説ありませんでしたっけ？」

「僕もそれかな、って思ったんですよ。その人形、僕の家にあった頃は普通に膝下くらいまでのロングだったんで。ところが、送り返されてきた奴見たら、数房ほど髪の毛の長さが身長の二倍くらいまで伸びてる奴があって。これは……ねえな、って」

「それはない、うん」

「気持ち悪くなって少し切ってみたりもしました。確か、いたこ28号さんの怪談ライブイベントの景品にしちゃったんで、もう手元にはないんですけどね。ステージと観客席でジャンケンして、最後まで残った人が勝ち、っていうね。あれ貰って帰った人がその後どうしたのか、全然分かんないんです。できれば、その後を知りたいんで是非名乗り出てほしい」

「今でも伸びてるんでしょうかねえ、髪の毛」

「ああ、こういう伸びた分を売ってるのかもですね。身長が伸びますとか、彼女ができます、とか言って。伸び続ければ幾らでも商材が生えてくる」

「髪の毛だけに。そういえば、さっきの小冊子をポスティングされた友人の実家に、親子熊の人形があったんですよ」

「薄くないテレビの上に飾られるような？」

「薄くないテレビの上にいましたね。それが、掃除のときなんかに位置を変えても、朝になると必ず〈抱き合うポーズ〉になってるんですって」

「抱き合う、って、腕とか足とかを絡み合わせる感じ？」

「そうそう。そういうポーズをするように作られてる訳ではないんだけど。それで、試しに親子をそれぞれ別の部屋に置いてみたそうなんですよ。でも、朝になるといつのまにか親子熊は同じ部屋にいて、所構わず抱き合っている」

「毎回？」

「毎回。まあ、その友人は幼い頃にお母さんを亡くされてるそうなので、お母さんの愛情が親子熊に乗り移ってるんですかね？　髪が伸びたり移動したり、人形ってほんとアグレッシブですよねえ」

「ほんとにねえ」

夜のジョギング

ある男性が、健康のためにジョギングを始めた。

朝は早く起きたくない。専《もっぱ》ら会社から帰った後、夜十時くらいからの開始だった。

いつも同じコースを走る。自宅マンションから出ると左に折れ、歩道の上を駆けるのだ。

周囲はマンションが建ち並ぶようなところで、十時と言ってもまだ人や自転車は往来している。もちろん、道路には少なくない車が行き交っている。だからイヤホンはしない。

音が聞こえずに、突っ込んできたものを避けられないと困るからだ。

折り返し地点は児童公園で、途中に暗い場所はない。

そういう部分だけは安全だと言えた。


走り始めて一年が過ぎた。

新年を迎えて少し経った、とても寒い夜だった。

ルーティンワークのようにジョギングへ出かけた。

片側三車線の道路を右手に見ながら走っていると、右後ろから誰かに追い抜かれた。

同じジョガーかとその背中を見つめた。

背中が大きく開いた、黒いミニドレスの女性だった。

明るい色味の長い髪を靡《なび》かせ、軽やかに走っていく。足下は高めのヒールだった。

この寒空なのに、袖すらない露出度が高いドレスだ。何処からか逃げ出したのだろうか。それとも何か急ぐ理由があって、着の身着のまま飛び出してきたのか。いや、焦った様子も追われている様子もない。では一体何故彼女はこんな格好なのだろうか。

疑問に思っている最中、ふと気付いた。

ミニドレスの彼女の足下から足音が聞こえない。

そもそも、追い抜かれる前も、背後から迫る靴音も全くなかった。

思わず立ち止まってしまう。

遠ざかる黒いミニドレスの背中が、突然左へ曲がった。

道沿いにあるマンションのエントランス内部へ消えていく。

慌ててそこまで行くと、既に彼女の姿はなかった。

その日を境に、彼はミニドレスの女性に出会うことが度々起こった。

いつも黒いミニドレスにハイヒールで、音もなく追い抜いてくる。だから気配を感じて振り返ることはできない。そもそも、やってくるタイミングもポイントもまちまちだ。気が付くと後ろから横をすり抜けていく。

決まっているのは、初めて彼女を目撃した片側三車線の道路に並行する歩道で出てくること。また、自分以外の歩行者や自転車がいないタイミングのみ姿を現すこと。そして、彼女はいつも同じマンションのエントランスへ消えていくこと、か。

当然、普通の存在ではないと思わざるを得ない。

だから最初こそ厭な気持ちになっていたが、自分にとって特に迷惑が掛かっている訳ではない。それにいつも出てくる訳ではない。加えて、自分に課したルーティンワークを変えたくなかった。だから同じコースを走り続けた。彼はそういう性格だった。

もしミニドレスの女性が出てきても、ただそういうものだとして処理するようになった。


ところが、夏を過ぎる辺りだったか。

日が落ちる前、たまたまミニドレスの女性が消えるマンションの前を通りがかった。

そういえばここだよなと、歩きながら玄関ドアのガラスへ目を遣る。

ふと足が止まった。

ドアの内側に一枚の張り紙がある。

夕陽の反射で見えづらい。近付いて、目を凝らした。

そこには〈告〉とある。

告　マンション内への不法な立ち入りを禁ず
近頃　マンション内へ不法に立ち入る者がおります
当マンションへの立ち入りは原則として居住者及び居住者が認めた者
関係者　以外の立ち入りを禁じています
また　常軌を逸した宗教の勧誘も　強くお断りしております

大体の内容はこんな感じだった。

パソコンで打って、プリントアウトしたものだろう。マンション名と管理会社、連絡先なども明記してあった。

常軌を逸した、という文言が強い印象を残す警告文だ。

いつから貼られているのだろうか。

昨日、ミニドレスの女性に追い抜かれた後、通り過ぎるときチェックしたが、そのときにはなかった気がする。

顔を上げると、エントランス内からスーツ姿の男性がこちらをじっと見つめていた。

悪いことをしている訳ではないが、思わずその場から立ち去った。


その晩、ジョギング中にミニドレスの女性は出てこなかった。

いつものマンションのドアには、まだ張り紙があった。

翌日の夜も走ったが、その日もミニドレスの女性は現れなかった。

マンションの張り紙は、剥がされていた。


それからもミニドレスの女性に追い抜かれることはあった。

彼女はいつものマンションのエントランスに消えていった。

張り紙の一件から一年ほど過ぎて、彼に辞令が下りた。

賃貸だったマンションを引き払い、家族と引っ越す。移動先は少し田舎だった。おかげでジョギングコースには困らなくなったし、ミニドレスの女性に出会うこともなくなった。

ミニドレスの女性とマンション、そして張り紙の因果関係は分からない。

しかし、今も疑問に思うことが他にも残っている。

自分を追い抜くミニドレスの女性を、何度か抜き返そうとしたことがある。

馬鹿な行動だと思うが、どうしてもやってみたかった。

ところが追い抜けた試しがなかった。

こちらの速度に比例してスピードが上がるのか、どんどん離れていくのだ。気が付くとマンション前に到達し、彼女はさっと身を翻すように曲がっていく。周りを見ると、追い抜かれたポイントからそこまで離れていない。距離感や他の感覚が麻痺したような、物理法則を無視したような、と言いたくなる感覚だ。

何度か繰り返して、無理だと諦めた。相手が異常な存在だと余計に思い知らされた。

もちろん疑問はそれで終わらない。

女性がマンションに曲がるときだ。

長い髪を靡かせている上、エントランス内の光を受けているはずだから、顔が確認できてもいいはずだ。それなのに全く見えない。髪で隠れている訳でも、顔の前方が何か得体の知れないもので隠されている訳でもない。

ただ、見えなかった。

引っ越しから四年後、張り紙があったあのマンションらしき映像をテレビで視た。

流石に記憶が薄くなっているから、本当に同じか断言はできない。

だが、どうしてもあのマンションだと思った。

そのマンションで、若い女性が男に無残にも殺された、という報道だった。

※

夜のジョギングを始めて三カ月。

河野さんはコースに飽き始めていた。

近くのグラウンドのトラック内を延々回るのだから無理もない。

彼はグラウンド以外のコースを探し始めたが、夜九時くらいだとまだ何処も交通量が多かった。歩道がない場所を使えば、車に跳ねられそうになることもある。

結果、人や車通りのない寂しいコースを走ることになった。

もちろん飽きないように、その日の気分で思うがままルートを変更するようにした。

その日も河野さんはジョギングへ出かけた。

暗い夜道をひた走り、人気のない道へ出る。

ワイヤレスイヤホンで軽快な音楽を聴きながら、リズミカルに足を蹴り出すのは気持ちよかった。暗い夜道を勝手気ままに進むと新たな発見もある。例えば、知らない公園を発見したり、史跡の看板を見つけたり、だ。実に楽しい。

夜の冒険みたいなものだ、とテンションが上がるのを実感したことは否めない。

自由なランニングを続ける内、走る距離が増えてきた。ランナーズハイ状態に近かったのかもしれない。

ある冬の晩、自宅から結構離れた地域までやってきた。

地理事情に明るくないエリアだ。興奮してくる。

冒険の始まりだ、と軽い上り坂を駆け上がっていく。

右手側の歩道に立派な山門が見えてきた。

お寺のようだった。それも古刹《こさつ》のように見えた。

既に門は閉まっており、境内へ入ることはできない。道路を渡り、何か案内がないかと探してみた。が、山号と寺号の書かれた看板くらいしか確認できない。

足踏みしながらスマートフォンに名前を打ち込んでみる。確かに由緒のあるお寺だった。

明るいときにもう一度来てみようか。そんなことを考えていると、誰かが右側から画面を覗き込んできた。

お寺の人か何かで、注意でもされるのか。身構えつつ振り返る。

誰もいなかった。

単なる気のせいかと、再び走り始める。

お寺の裏側方向へ続く路地へ入り込むと、そこには薄ぼんやりした外灯が灯っていた。

その明かりの下に、男女が佇んでいた。

光源が上にあるせいか、横顔に強く陰が落ちており、表情は分からない。

二人ともダウンジャケットだが、男は短髪にスラックス、女は明るめの長髪だ。が、ぺたっとしておりボリュームがあまりない。そして膝丈のスカートを穿《は》いていた。

お寺の通用口らしきところの近くに並んで、じっと出入り口を見つめている。

ああ、何かお寺に用事なのだなと予想しながら近付いていく。

あと少しで彼らに手が届きそうな距離まで来た。しかし、顔はまだ見えない。

そして強い磯の臭いが漂った。男女の服と髪から、水滴が垂れていた。

そこまで確認できても、目鼻すら判別できない。

ふと我に返る。

(何だ、此奴ら。何なんだ)

突然、イヤホンに激しいノイズが入った。

壊れたラジオのようなノイズだった。

思わず足を止めてしまう。意味もないのに耳に手をやるほどの大音量だった。

ノイズは、すぐに消えた。

顔を上げると、男女の姿も、磯臭さもなくなっている。

あれだけの水滴を垂らしていたのに、地面は露程も濡れていなかった。

どうしようもない気持ちのまま、来た道を全速力で駆け戻った。


家に戻った後から高熱を出した。

病院に行っても原因不明であったが、その後肺炎になり、危険なところまで行ってしまった。ギリギリで治ったが、一歩間違うと死んでしまった可能性があった。

何となく、あの男女のことが頭に浮かび、退院後に神社へ厄払いへ行った。

そのおかげか、今は健康そのものである。

以降、このお寺の近くをジョギングコースにしていない。

というより、夜のジョギングそのものを止めた。朝か昼だけ走ることにしている。そして走っているときはイヤホンもしなくなった。

夜のお寺の近くには、救いを求めた者達がやってくる。

しかし、入ることはできず、ただその場に留まるのみ。そして、通りがかる人に救いを訴える、らしい——河野さんは、後に誰かから聞いた。

本当がどうかは知らない。

しかし、あの日のことは今でも鮮明に思い出せる。

あの顔の見えない、濡れそぼった男女と、明かりに照らされた通用口のことを。

防犯・防湿の観点から新しいマンションは一階に居住区を設けない傾向にある。

「うん、そこの一階。実際、かなり安く借りられたなぁ」

だから不審に思わなかった、とも言える。

住宅地の奥まった、『ジャングルみたいな』印象の古い四階建ての物件だった。

大木君が借りた一室はその、不人気の一階にある。乱雑な自転車置き場から三段ばかりの階段を上ったところの一階外廊下——その一番手前が彼の部屋だ。

彼がジャングルみたいだという印象を持ったのは、すぐ奥と隣が競うように植物を並べた一軒家で、そこから伸びた棘々した草や蔦が境界を越えて大繁殖していたからだ。おかげでこっちの廊下まで暗く、しかも湿っていた。

「まぁ、安かったししょうがないでしょ。その割に防犯はしっかりしてたし」

防犯の点では満足していた。サッシの内鍵は多重になっていて、部屋の鍵も新しいものだった。破格の家賃に比べてかなり充実していると言えよう。

数カ月は何の問題もなく、彼はそこで起き伏しをしていた。

「今思えば、何であんなもん見つけちゃったんだろうなと。そういう話なんだけど」

ある早朝、彼は〈ガゴン〉というドアの閉まる音で目が覚めた。

新聞がドアポストに突っ込まれた音に似ていたが、彼は新聞など取っていない。

仕切り程度の引き戸を開けると、台所の脇に無人の玄関があった。

ドアの鍵が開いている——縦になったターンの向きからそれは明らかだ。ただ昨夜自分で鍵を閉めたかどうか、そこを大木君ははっきり思い出せなかった。

たまたま自分が鍵を掛け忘れた晩に、泥棒がドアを開けたのだろうか——彼は大いに迷った。

少なくとも室内には自分一人だけ。彼は慌てて施錠し、貴重品の類を確認して、どうやら盗まれたものもなさそうだと結論した。

（そういや泥棒って土足で入るんだっけ？）

念のため、玄関周りを丹念に調べていたところで、彼はふと見覚えのない小箱を見つけた。

靴箱の下、スニーカーの空き箱などを押し込んだその奥に、小箱があったのだ。

彼は幾分かの期待とともにその小箱を開いた。

指輪を入れるような、と彼は説明する。パカリと上下に開く、布張りの小箱だというのだからそれは正にジュエリー用だろう。

しかしそこに入っていたのは貴金属ではなかった。

中身は鍵であった。

「大きさからして自転車とか金庫じゃない。ドアの鍵。でも、ウチのじゃないよ。ウチのより古い、ギザギザが付いてるやつ」

彼の部屋の鍵はピッキング困難なディンプルロックだった。これは鍵側面のギザギザがなく、点字のようなドットの凹凸を使うため、シルエットからして異なる。

仕組みが違うのだからドア側の鍵全体も、ドア自体に比べて随分上等なものに取り換えられている――大木君は管理会社からの説明でそのことも知っていた。

それはどの部屋も同じに思えたが、一つだけ、そうでない部屋に彼は思い至った。

「同じ一階の、一番奥の部屋さ、そこだけ鍵が、もう見た目から他と違って古かったんだ」

隣の隣の隣――彼の部屋を101とすれば、その部屋は角部屋、104になる。

103まで、外廊下に沿ってドアが並ぶのだが、角部屋のそこだけ外廊下に対して垂直に、突き当たりにドアがある。ベランダの向きも違えば間取りも違うのだろう。

薄暗い廊下の先に、そのドア一枚だけ正面に見えているのだから、日頃から否応なく目にしている。だから彼は、その部屋だけ他と鍵が違うことにも気付いていた訳だ。

だとしてここに別の部屋の鍵があるものだろうか？　通常は考えられないことである。

その箱にしたところで、一体いつからそこにあったのかも定かでない。

「多分、最初からあったんだと思う。前の住人が忘れて、業者も気付かなかったんだろうなぁ」

いずれにせよ管理会社に話すのが筋のように思われるが、大木君にはそれが少し面倒だった。

「引っ越して一年近くして今更ぁ？　って変に思われる気がしたし、『鍵閉め忘れて泥棒に入られたかもしれないから調べました』とは言えないじゃん——まぁ、ちょっと後で考えようってなっちゃって」

おかしなことが起き始めたのはその頃であったという。

それから頻繁に、ドアの向こうに誰かがいるのだ。

足音や声がして、風もないのに扉が鳴る。

ドアスコープから外を覗いても誰もいないのだが、誰もいないことを確認しても尚、ドアが引っ掻かれるようにキィキィと鳴るのだ。

深夜早朝に限ったことでなく、四六時中あるものだから鈍感な大木君も少し参ってしまった。

そこで彼は防犯カメラ――所謂ＩＰカメラと呼ばれるような、手軽に設置・運用できるカメラをドアの外に設置した。給電のケーブルを引き回すのに若干手間取ったが、台所の排気口から通すことができた。

しかし結局カメラには映像としては何も映らなかった。

今正にドアの外に誰かがいる――その瞬間にも、ＰＣに映したカメラ映像は、いつもと同じ暗いジャングルのような外廊下の、自分の部屋のドアが見えるだけ。


ある晩、またドア越しに異音がした。

防犯カメラの映像は敢えてすぐ確認するつもりもなかった。どうせ何も映らないからだ。

しかしこのときは、室内からもキリキリとおかしな音がした。

大木君は流石に慌て、音の出所を探した。どうやらそれは、台所のほうから聞こえる。

ガタンガタン、と立て続けに何かが倒れる音がした。

驚いて台所に行くと、立ててあった醤油瓶などが倒れていた。

見れば、外に繋がる電源ケーブル――壁のアウトレットから換気口へ伸びるそれが、まっすぐ突っ張って、瓶などをなぎ倒したのだ。

――カメラが外から引っ張られている。彼はそう理解した。

「そのときばかりはね、大慌てでＰＣの画面を見たよ」

そこに映る映像は、設置したときとは構図が変わっていた。もはや、彼の部屋のドアは映っていない。

映像は地面すれすれの高さから、向きがぐるりと変わるところだった。

カメラはゆっくりと右から左へ回転し――外廊下の突き当たりにある、１０４のドアがフレームインした。元の角度から九十度ほど回ったところで止まる。

中央には１０４。ひと部屋だけ外廊下の突き当たりに見える、例のドアだった。

ひと部屋だけ取り残され、古いロック機構のままの部屋。

映像の画角が広いため、廊下は広々と映っている。それでも、真ん中に映っているのは紛れもなくそのドアだ。

昼間でも薄暗い廊下が、今は電灯の弱弱しい灯りだけ。ノイズまみれの映像だ。それでもカメラでそこを映そうという、何者かの明確な意思を感じた。

「それも、偶然だと思って気にしないことにしたよ。固定が甘くて、防犯カメラが落ちて転がったんだと。だってさぁ……」

そう語る大木君の言葉尻がやや震える。

「104のドアを狙ったなんて考えられない。防犯カメラなんて、モニター視ながら角度調整しなきゃ、あんなにぴったりど真ん中に収められないもの」

とはいえ、彼も手元にある謎の鍵のことを思い出していた。

そして104号室に何かがあるという考えを抱いた。

「……で、やっぱり、ちょっと試してみようと思って」


日中、住人が出払っている時間に、彼は鍵を持って104の前に立った。

薄暗い廊下だ。後方、自転車置き場越しに、通行人からこちらの姿は丸見えでも、よく注意しなければ気付かれることはないだろう。それに何もピッキングする訳ではない。

彼は手にした持ち主不明の鍵を、104の鍵穴に突っ込んだ。

錆びたような手応えがあったが、少し力を入れると〈ガヂャリ〉とそれは開いた。

「当然というか、空き部屋。中には何もなかったなぁ。空っぽ。何も残ってなくって」

彼は少し肩透かしのような気持ちになりながら、適当な押し入れの中に、ジュエリーボックスごと鍵を返した。

「出るときは施錠できなかったけど——まぁ、それはいいっしょ」

１０１のシューズボックスの下に密かに隠されていたのは、１０４の鍵だったことになる。

「そもそも何で俺の部屋にあったんだろうって思うと、色々考えちゃうよね。だから考えない」

ともあれ鍵があるべき場所に戻ったことで、秩序は僅かに回復したはず。

部屋を出た彼は、廊下の真ん中にまた防犯カメラが落ちていることに気付いた。

直観的に、いや経験的にそれはこちらを向いていることも分かった。

「映像は確認しないで消したけどね」

そしてドアが叩かれたり、引っ掻かれる現象は収まった。

〈ガゴン〉

ある早朝、彼はドアの閉まる音で目が覚めた。彼は新聞など取っていないから、ドアポストに新聞が突っ込まれた訳でもない。

仕切り程度の引き戸を開けると、そこには無人の玄関があった。

しかしドアの鍵が開いている——間違いなく、昨夜自分で鍵を閉めたはずだ。大木君は例の一件以来、施錠はかなりしっかりやっている。

恐る恐る、彼はシューズボックスの下を覗き込む。

そこに見覚えのある小箱を見つけた。

「合い鍵があったんだと思う。今じゃなく、昔に」

１０４の鍵が１０１にあったのならば、その逆も考えられる。

そうであったとして、１０１の鍵は機構ごと交換されているのだから、過去のことは問題にもならないはずだ。

「そう。ウチの合い鍵があっても、それじゃ新しいディンプルロックは開けられないはず——でもそんなことは多分関係ないんだと思う。よく分からないけど、何となく」

仮にそうした現在の事実とは別に、『１０４の住人には１０１のドアを開けられた』という、過去の事実だけが残ってしまったとしたらどうだろう。

　無論、あくまで概念上の話だ。だが鍵が交換されたことを知らされなければ、それを知らない人物にとっては、その過去の事実は今でも事実のままである。

「〝104の住人〟は、まだいるってことになるの？」

サッちゃん

某人が大学生の頃だった。

急死した親族の葬儀に出席した。

そのとき、高校生になった従弟と立ち話をしたという。

背だけ高くなった痩せぎすの男子であるが、顔に厭な笑みが常に貼り付いていた。昔はもっと素直そうな表情だったのにと思い出していると、その従弟が声を潜めて言った。

死人の顔を見るのが初めてだ。観察できるから楽しみだ——。

そんな悪趣味な考えはよくないと諭すのだが、彼はニタニタ嗤《わら》いを浮かべるだけだった。

冗談だろうと高を括っていたが、従弟は本気だった。彼は葬儀の合間を縫って柩《ひつぎ》へ近付いていく。その小窓に顔を近付け、舐めるように中を覗き込み始めた。

死者を悼む様子ではないことは、誰にでも分かった。近くにいた年嵩の親族が見咎《みとが》め、注意を始めた途端、従弟がまるで感電したかのように小さく飛び上がると、そのまま後ろへ尻餅を突く。間髪入れず四肢を縮こまらせ、横に倒れた。

注意した親族が様子を窺い、すぐに「救急車！」と叫んだ。

騒然となった葬儀会場から、数人掛かりで両脇を抱えられた従弟が運び出されていく。
手足を縮ませた、不自然な姿勢をキープしたままだった。
まるで猿の置物か赤ん坊のようだ、と思った。
そのとき、某人は従弟の顔を見た。
両目を丸くしたまま、〈ほ〉を発音する形に口を開いていた。

従弟は数日寝込んだ後、性格がガラリと変わった、らしい。
らしいというのは、直接会って確認していないからだ。他の親族からの伝聞でしかない。
彼らが言うには「驚くほど臆病になり、人とコミュニケーションが取れなくなっている。
また、日常生活の途中で前触れなく卒倒するようになった。病院に掛かったが改善されず、
学校も行けなくなったようだ」「そして時々、童謡のサッちゃんの歌を繰り返し歌う。大
半は呟くようにだが、サビのところの〈サッちゃん〉のところだけ大声になる。時間も何
も関係ないので、とても近所迷惑だと親が泣き言を繰り返している」。

あの葬儀から五年ほど経つが、今も従弟は引き籠もって生きている。
今も彼はサッちゃんの歌を歌っているのだろうか。

長内さんは歳の離れた弟がいて、名前を雅史君という。

「身体が弱くて可哀相な奴でなァ。特に……」

子供の頃から酷い鼻炎で苦しんでいた。

起床しては間髪入れずに鼻水を啜り始め、今日は調子がいいと思っても、風呂から上がる頃になると目と鼻を真っ赤にしていた。

「当時は花粉症なんて言葉は一般的じゃなくてなァ。誰も知らなかったよ、そんな病気。だから、鼻風邪なんて呼んでたなァ」

春夏秋冬時間を問わず、とにかく発症したらその日はもうどうすることもできなかった。

「夏日の真っ盛りに、アイツ、また鼻風邪引いてらっ、なんてよくバカにされていたよ。うん、可哀相だよなァ」

今からおおよそ二十年前、雅史君が大学生だったころ。

「とにかくウチは貧乏だったから。アイツも奨学金で大学に通っていたんだ」

相当な苦学生だったらしく、当時は四畳半一間で台所、風呂、トイレ共同の安アパートに住んでいた。

それでも兄である長内さんとはとても仲が良く、入学祝いに彼が贈った固定電話を部屋に設置して、ほぼ毎日のように近況を連絡していた。

「その日は中間試験の日か何かだったらしく、朝から忙しかったみたいでなァ」

いつもより早めに起床して軽く勉強をしていると、またしても病魔に襲われてしまった。

掻痒《そうよう》感で真っ赤に腫れ上がった両目を無意識に擦りながら、床に置いてあるはずのティッシュペーパーの箱を探し始める。

視界が悪いために両手を駆使して弄って、漸くそれらしき箱を手に取った。

慌てて箱の中に手を入れてみるが、中身は空っぽであった。

これは、非常に拙い。

溢れ出る涙はともかく、鼻の穴からまるで蛇口を捻ったかのように滴り落ちてくる洟《はな》は粘りっ気がないため、際限なく床の畳に吸い込まれていく。

洟が拭ける紙状の何かが畳の上に落ちていないか、手当たり次第に、床の上を両手で探っていく。

と、そのとき。

やっとのことで、左手がそれらしきものを探し当てた。

即座に両手でくしゃくしゃにして柔らかくすると、思いっ切り洟をかんだ。

と同時に、まるで落雷を思わせるような轟音が部屋中に響き渡った。

一瞬何が起きたか分からなかったが、部屋中に視線を泳がせただけで、薄い窓ガラスと十四型カラーテレビの画面が割れていることに気が付いた。

恐る恐る手元を確認すると、一瞬で背筋が冷たくなった。

粘液でくしゃくしゃに丸まった部分を平たくすると、達筆で書かれた大神宮の文字と朱印のようなものが垣間見えたのである。

どうやら、洟をかむのに費やした紙は、御神札——即ちお札であった。

「何でそんなものが部屋の中にあったのか、全然分からなかったみたいでなァ」

恐怖心と困惑の入り混じった感情にほとほと困り果て、この部屋に入ったことのある友人全員へすぐに連絡した。

しかし、そのようなお札のことは誰も知らなかった。

彼も何となく居心地が悪かったようで、丸まったお札を灰皿に入れると、マッチで火を点けてその場で燃やしてしまった。

「おかしなこと言ってたけどもなァ、あいつ。鼻水は燃やすと肉を焼いた臭いがするとか、何とか」

　だが、その日を境に、雅史君の生活は文字通り一変した。

　信心深さの欠片もなかったにも拘らず、お札を焼いたことを頻りに後悔するようになったのだ。

「大丈夫だ、心配するなって何回言っても聞かなくてなァ。しかも、部屋に電話を掛けても、混線でもしてるのか人の声がいっぱい混じっててよく聞き取れなくてなァ」

　それから間もなく、雅史君は大学にも行かなくなり、自室に引き籠もるようになってしまった。

「それでも、俺は信じていたんだなァ、アイツを。時間は掛かるかもしれないけど、いつか戻ってくると」

　長内さんは身を粉にして働き続け、弟に仕送りを送り続けた。

「それでも病だけは容赦がなかったみたいでなァ」

　やがてあれほど仲の良かった長内さんにも連絡が滞り始め、ついには音信不通になってしまった。

「……うん。何とかしてあげたかったんだけどなァ」

　雅史君の持病はより激しさを増していたようで、洟をかんだらしき丸まったティッシュペーパーの山が部屋中に溢れていた。

その自分で拵えた山の麓に埋められるようにして、彼は変わり果てた姿で発見された。大型の錆びたプラスドライバーを両の鼻の穴に何度も何度も突っ込んだらしく、鼻孔がぐちゃぐちゃになったまま息絶えていたのである。

何をするつもりだったのかは皆目見当も付かないが、彼の部屋には大量の紙片らしきものが、壁一面に所狭しと貼ってあった。

そこには全て、雅史君の名前が達筆で書かれていたという。

これらの紙片に何の意味があるのかは分からない。

ただ一つだけ言えるのは、筆跡が絶対に本人のものではない、ということである。

因業

「おっかない話なァ……そういえば。オラァの甥っ子に太志って童がいてなァ、兄夫婦は随分とめんご《可愛い》がったんだけども。オラァ苦手だったな。どうにも小利口な奴でなァ」

林さんは何処となく遠い目をしながら語り始めた。

「兄貴ンどこも放任主義だとか何だか理屈ばっかし抜かして何もしなかったから……ったく、よ。うーん、確かなァ、アイツが小学校に行ってだころだったべなァ」

太志は所謂、手の付けられない悪ガキであった。

小学校では気に入らない者がいると、腕っ節が滅法強い同級生を上手く唆して、執拗《しつよう》にイジメを行っていた。

しかし、自分が表に出ることは一切なかったので、教諭達も全く気が付かなかったらしい。

「どうやったかまではさっぱし分かんねえけど。とにかく、小利口な童だったんだ、アイツは。ンだけっども、勉強は中の上ぐれえだったなァ」

当時、クラスの人数は三十人程度で、彼は自他共に認めるリーダー格であった。実際に腕っ節が強いかどうかは関係なく、勢いとはったりをどれだけ効かすかが重要だったのかもしれない。

学年でも二百人程度在籍していたが、実際に彼が喧嘩をしている姿を目撃した者はいない。けれども、彼に逆らう者は殆どいなかったことは事実である。

「そうやって上手くいってだときまでは良がったけど。ところがなァ、とんでもねえごとやらかしちまったんだ、あの馬鹿は」

喋り方が気に入らない、などといった他愛もない理由だけで、新たなターゲットに狙いを定めた。

小山君という畳屋の息子である。

背丈は高からず低からず、成績も真ん中より下に位置している学級内でも目立たないタイプで、誰とも連《つる》まずにひっそりと学校生活を送っていた。

それにも拘らず、唐突に理不尽なイジメに遭遇したのである。

もちろん今回も、太志は一切手を出さない。

イジメられていた当人は次第に学校に来なくなってしまったが、イジメの実態が教諭達に知られることはなかった。

ところが、彼が姿を現さなくなってから間もなく、学級内にとある噂が流れた。

曰く、小山は自殺を図って、今は県外の病院に入院している。そして、そのまま他県の小学校へ転校する、と。

学級内がその噂で持ちきりになった頃、音楽の授業中に、突如太志は職員室へと呼ばれた。

「まァ、バレるのも時間の問題だったんでねべか。必然というか、何ちゅうか……」

噂は概ね本当であったが、事態はより深刻であった。

小山は自室の欄間に荒縄を掛けてぶら下がっているところを、親御さんに発見されたのだ。

精神的にかなり追い詰められていたらしく、残されたノートにはイジメの実態が事細かく書き残されていた。

担任の追求にも拘らず、太志は断固として関与を否定した。

複数のイジメ実行役から確固たる証拠を掴んでの追求であったが、太志は否定し続けた。

やがて両目を真っ赤にしながら、一言も喋らなくなってしまった。

「先生もアレだべ。あんまし表沙汰にしたくはなかったんだべなァ。あの馬鹿はそのまま解放されだみたいだったなァ」

しかし、太志はかなり執念深かった。

学級内に自分を裏切った奴が絶対にいるに違いない。そう確信して、犯人捜しを始めたのだ。

そして炙り出されたのが副島という女子児童であった。

彼女は学年でも一、二位を争うほど学力が高く、正義感も人一倍だった。

運動もトップクラスだったので、男子児童には彼女に淡い恋心を抱く者も少なくなかった。

だが、太志は容赦しなかった。

相当頭に来ていたのであろう。上級生の悪ガキ仲間の伝を頼って、中学生の不良グループへと助けを頼んだのである。

もちろん、非常時のために貯めていた金を惜しげもなく使って。

「どうしようもねェべ。あの馬鹿は。自分じゃ何もできねえくせしてなァ」

ところが、目論見は不発に終わった。

何故なら、その不良グループが次々にとんでもない目に遭ったのである。

ある者は原付きの二人乗り事故で両足骨折の重傷。ある者は何者かから逃げ出したかのように全速力で走っているときに、一見何も存在しないところで見えない何かに思いっ切り蹴躓いて、崖下から数メートル下の地面に転落し、脳挫傷を負った、などなど。

またある者は、県外で発生した引っ手繰り事件の犯人に突き飛ばされて、頭を強く打って両手首を骨折していた。

男女を問わず、太志から金を貰って動こうとした連中は悉《ことごと》く事故や事件に巻き込まれてしまったのである。

そしてまた、新たな噂が校内に広がった。

不良達が酷い目に遭った背後には、小山の姿があった、と。

その噂はかなりの信憑性があった。

何故なら、事件や事故を目撃した人の殆どが、青白い顔をした小山らしき児童の姿を確認していたからである。

その目撃者の中の一人に、太志達の担任も含まれていた。

「引っ手繰り事件のときだったべなァ。先生がたまたまデパートに買い物に行ってたんだって。ほんで店から出たときに、しっかりど見たんだってよォ」

若い男が中年女性のバッグを引っ手繰って走って逃げたときに、たまたまその中学生が目の前にいたのである。別に犯人の進路を妨害していた訳ではなかったが、犯人は何故かその場で立ち止まると、呆然としている中学生を両手で思いっ切り突き飛ばした。そして、その瞬間、犯人の背後には、青白い顔をした小山がひっそりと佇んでいたそうである。

「まァ、間違うわけねえべな。太志の担任ってことは、小山君の担任でもあるがらなァ」

担任教諭は、そのときのことをはっきりと覚えており、震えながらこう話したという。

「間違える訳がない。絶対に、小山がいたんです。今まで見たことがない表情をして。あれは、笑顔……いや違うな。何というか、とにかく嬉々とした表情の小山がいたんです」


兄夫婦は殆どこの状況を理解していなかった。

息子の都合の良い言い分だけを頑なに信じて、学校側の対応を激しく非難していた。

林さんは兄の性格も甥の性格もよく理解していたので、関係者の話を一通り聞いてから、甥の説得を試みた。

「何とか、普通の生活を送れるようにしだかったんだ。あのままでは、とんでもねェことになるのは確実だべ」

ところが、叔父が熱心に語りかけても、全く聞く耳を持たない。

それでも根気良く説得し続ける。

だが、聞いてるほうは胡坐を掻いたまま薄笑いを浮かべつつ、至極つまらなそうな表情をしているばかりであった。

「オラも呆れでしまってなあ。こりゃもうダメだな、なんて思いながら暫くの間あの馬鹿を睨み付けたんだ。そしたらば……」

これ見よがしにそっぽを向いている太志のすぐ側に、人の形をした何かが徐々に浮かび上がってきた。

呆気に取られて暫く見続けていると、それはいつしか、見覚えのある男児の姿へと変わった。

だが、以前見たときよりも髪はボサボサで、脂っ気は一切失われている。

そして、やけに青白い肌に薄っぺらい紫色の唇が、まるで嗤ったかのように歪んでいた。

「……ンだ。すぐに分かっだ。畳屋の息子に間違いながったべなァ」

彼はその場で、深々と頭を下げた。自分が酷い目に遭わせた人物の姿に全く気が付かず、相も変わらず人を小馬鹿にしたような表情の甥に代わって、心から謝罪をした。

甥も最初はキョトンとした表情を見せていたが、それはやがて侮辱へと変わっていった。

「……何やってんだよ。誰に謝ってんだよ、バッカじゃねえの？」

酷く蔑んだ眼差しで叔父を睨み付けながら、きつい口調で暴言を吐いた。

「流石にオラも頭さ来てなァ。拳骨を握り締めてガツンとやろうとした。そんときだった

……」

すぐ側で佇んでいる小山の表情がギクシャクと蠢《うごめ》くと、薄い口角が耳の辺りまで一気に吊り上がった。

今まで見えなかったものが、急に見え始めたのであろうか。

太志は即座に立ち上がると、似つかわしくもない甲高い声で大きな悲鳴を上げた。

そしてそのまま一気に駆け出して、意味不明な喚き声を上げながら、屋外へと飛び出していった。

少し間を置いてから、林さんも慌てて追い掛けるが、小学生のくせに異様な速さで駆けていく甥になかなか追い付くことができない。

おおよそ十分以上も走った辺りであろうか。近所にあった石切場の端っこの辺りで、漸く追い付いた。

「もう、捕まえた、って思ったんだげどなァ。俺が甘かったんだ……」

安堵の溜め息を漏らしているその目前で、太志は崖下へと向かって、躊躇《ちゅうちょ》なく頭から飛び込んでしまった。

「……俄には信じられないげっども、これだけは間違いねえ。オラぁ、はっきりとこの目で見たがらなァ」

太志の背中には、まるで赤子のようにぴったりと密着している、小山の姿があった。

その表情はまるで能面のようで、薄らと冷たい笑みを浮かべていた。

「運が良がったんだべなァ。手足の骨折だけで済んだんだがらなァ」

大怪我を負った太志はそのまま入院したが、やがて奇っ怪な行動を取るようになっていった。

喜怒哀楽が異様に激しく、時折他者に対して攻撃的な振る舞いをするようになった。

そして数人の被害者を出した辺りで、精神を病んでいると診断されて、別の病院に移って専門の治療を受けることになった。

「何だべなァ。四六時中、畳屋の息子が纏わり付いて仕方がない、みたいなことをいつも口走っていたんだったなァ」

だが、こんなことで済むはずがない、と林さんは予想していた。

「そりゃそうだべ。畳屋の息子のあの目。とんでもねえよ、あの目付きは。あっけな《あんな》おっかねェ目で睨まれたら、もうどうしようもねえべ。五体満足で生きていぐなんて、到底できねえべ」

でも、と俯きつつ言い放った。

「あんなバカでも親戚だからなあ。何とか助けてやりたがったんだけどなァ」

それから間もなく、太志は入院中の病室で首を括って逝ってしまった。
どういった訳か、彼の身体中には小さな傷痕が無数にできていた。
それはまるで、子供の歯形によく似た痕であったという。

時を経て

石部さんは現在四十代後半の男性だ。

自身が中高生の頃辺りは、イジメが話題になることが多かったと記憶している。

もちろん身近にもイジメを受けていたクラスメートがいた。

中学のときに男子二人、女子三人。

高校のときに男子三人と女子二人がイジメられていたことは認識していた。

イジメの中心はクラスの不良グループか、今で言う学園カースト上位の生徒だった。

気が弱そうな生徒をターゲットにしては、悪態を吐いたり、暴力を振るったりしていた。

女子グループの場合も似た感じだったが、イジメの対象はどちらかと言えば彼女達が気に喰わない相手、例えば容姿が整っていたり、勉学ができたりする相手だったように思う。

噂ではイジメる側の女子グループが付き合いのある男子不良グループに、イジメていた女子らに対し卑猥《ひわい》な行為をさせていたという話もあった。その証左か、一部の女子は不登校になったまま、消息が分からなくなった者もいる。

そんな中高生時代から長い時が過ぎた。

イジメに荷担していた連中は一部を除き、地元で過ごしていた。

中には家業を継ぎ、成功した者も多い。

〈過去、ヤンチャでした〉のように今、自分は更正しており、過去を反省しているとすら公言し、美談に仕立てているのが殆どだ。

イジメをしたことやグレたことがあったからこそ、今の自分があるのだ、と言う。

そんなとき、石部さんは必ずこんなことを考え、疑問に思う。

「以前から思うが、過去に悪事を働いた人間に罰は当たらないのか？　結局、因果応報はないのか？　例えば、呪い殺されたり、祟りに遭ったりしないのか？」——。


この石部さんは地元で自営業を営んでいる。

だからこれら成功した元不良連中と仕事で顔を合わせることがある。

こういう輩は過去のクラスメートの顔と名を、何故かよく覚えているようだ。

商談の場であるのにも拘らず、すぐに「お、石部？　石部だろ？」と呼び捨てにして距離を詰めてくる。そんなときは大人の対応をするのだが、相手はそれを都合良く解釈し、友達認定をしてくるのが常だった。

当然、仕事上の付き合いで食事に付き合うことも増える。

そんなとき、連中から似た話を耳にするようになった。

○○、どうも祟られちゃったらしい。

○○はそれぞれのパターンで名前が違う。共通点は、学生時代一緒にイジメをしていたグループの中の一人であることだ。
祟られたとは何事かと問えば、殆どが「予期せぬ不幸が続けて起こり、親や幼い我が子が死んでいく。一人になった後、孤独に事故死」や「当人が付き合っていた相手が自殺。それが原因で病んで、自死」、「心を病んだ後、自損事故で半身不随。残された家族がその世話をしながら借金を返し続けることになった」……などだった。

祟りと言うには弱い話だと当然の疑問を投げかければ、相手はムキになる。

亡くなった人間が生前悩んでいたことを、訊いてもいないのに細々《こまごま》と教えてくれた。

「親や我が子が死ぬ寸前、その顔が別人のように見えた。家族が亡くなった後、一人になって仏壇に手を合わせた。が、気が付くとトイレの便器に手を合わせていた」

トイレの話の後、その人物は自宅で首を吊っている。

「付き合っていた男が突然別れると言い渡してきた。縋《すが》っても首を縦に振らない。毎日彼の自宅を訪ねていたら警察を呼ばれた。その後、相手が女と歩いていたので、怒りの余り後を追い掛けたが見失った。繁華街外れの廃ビルの前だった。その後、相手の男がその廃ビルで自殺した。以来、憑き物が落ちたようにその男のことがどうでもよくなった。しかし、毎日、朝方ベッドに入るとその死んだ男が枕元に立つ。死人の顔でじっと見つめるので怖い。新しい恋人と寝ていても出る。お祓いを受けに行こうと思う」

その後、この女性は元恋人が自死した廃ビル近くで飛び降りて死んだ。

「最近、空の上から黒いものが覆い被さってくる。重力が俺を潰そうとしているのだと思った。気持ち悪いことこの上ない。しかしそれは心の問題だろうと思う。病院へ行って、きちんと診察してもらった。軽いものだったらしい。もう大丈夫だ」

この話をした男はその後、不可解な運転で自損事故を起こし、半身不随となった。

これらが祟りなのか、石部さんには何とも判断できないものだった。

教えてくれた相手は可哀相だと言いながら、半ば得意げだ。

「自分は更正したから、祟りも何もなく、こうして社会貢献している。真っ当になったからこそだ。アイツらの分まで生きるのが絆《きずな》だ」

大体の相手は、そう言って同意を求めてきた。

いつもお茶を濁す答えしか返さないので、相手は釈然としない顔になるのが常だった。


取材から数カ月後、また石部さんと話をする機会に恵まれた。

その際、彼は「どうも生き残った連中にも陰りが出てきたみたいで」と顔を曇らせる。

更正したからと自慢げだった彼らは、世界的な疫病の流行の煽りを受けた。

商売の縮小が始まり、一部業務を手放した。

そして、こんな噂が耳に入ってきた。


「まだ小さい息子さんがお風呂で溺れて亡くなったみたいですよ、○○社長」

「奥さんとお子さんが消息不明になったという話です、○○社の○○さん」

「○○社長のところ、会社でお祓いしてもらったみたいです」

「怪しい霊能者のところに、○○社長が出入りし始めたと聞きました」

詳細や信憑性は分からないと彼は渋い顔だ。

ただ、因果応報はあるのかもしれない、疑問に答えが出そうですと、言い切った。

ただし、自分もイジメを見て見ぬ振りをしていた輩だから、いつか累が及ぶかもしれない、と続けた。


因みに〈イジメをしていた連中の一部を除き〉の一部について訊いてみた。

石部さんは事もなげに答えてくれた。


――ああ、犯罪者になって収監されたり、酷い環境へ身を落としたみたいですよ。

沼地にて

とある酒の席で、河埜《こうの》さんは小学生の頃にある体験をしたことをこっそり教えてくれた。

「あれは確か、四年生になった辺りだったかな」

あまりにも恐ろしすぎて、記憶の奥底に埋没しそうな体験を、一つ一つ、恐る恐る、手繰り寄せながら語ってくれた。


東北地方の山間部に生まれ育った河埜さんは、勉強よりも野山が好きな少年であった。

家の外に一歩でも踏み出せば、美しい自然が目眩《めくるめ》く広がっているのだから、ある意味仕方のないことかもしれない。

物心が付いたときから、身近にいる動物達が大好きな子供であったが、小学校に進む頃には昆虫に興味を持っていた。

「とにかく大好きでね。皆が御執心だった甲虫類も嫌いではなかったですが、何よりも水棲昆虫に夢中でしたね」

今では絶滅危惧種のタガメはもちろん、ゲンゴロウやミズカマキリ、タイコウチ等々、興味が尽きない虫達が身近な存在であった。

「タガメやマツモムシなんて刺されると滅茶苦茶痛いですが、まあ、そこも魅力というか何というか」

少々引いてしまうような笑顔を浮かべている。

「まあ、それはともかく。初夏だったかなぁ。確か天気の良い日曜日の朝だったと思うんだけど……」

彼同様に昆虫採集が大好きな友人である小谷君を伴って、近所の小高い山へと出かけた。

そこは小さな沼が幾つかあって、人もあまり近寄らなかったので、水棲昆虫を含めて動物達には天国のような場所であった。

「ええ、大量でしたね。網で軽く掬っただけで、大量の水棲昆虫が捕れましたから。まあ、それはいいんですけど……」

小さな沼を数箇所巡っただけで、もう十分なほど採取することができた。

当然全ては飼えないので、大きい個体を数種類残しただけで、他は水の中に返すことにした。

そのとき、である。

プラケースを水中に入れて昆虫達を逃がしていると、突然沼の水面が不自然に盛り上がった。

　驚く友人を尻目に、河埜さんは落ち着いていた。

「ええ、ちょっとばかり大きな雷魚か鯰《なまず》が水面に上がっただけだと思ったんですよ。ところが……」

　ごっぼ、ごっぼ、と異様な呻き声を上げている友人を不思議がりながら、とにかく水面に視線を遣ったところ、思わずその場でへたり込みそうになってしまった。

　水面に浮かんでいるそれは、何処からどう見ても人間の頭であった。

　もちろんマネキンか人形の頭に違いない、一生懸命そう思い込もうとしたが、土台無理な話であった。

　水面に漂う黒い頭髪、空を見つめている鳶《とび》色の瞳、そして血色の良い皮膚と豊満な唇。

　それは何処からどう見ても、彼らと同年代と思われる少年の頭部にしか見えなかった。

　傍らに視線を遣ると、先ほどまで喉から摩訶《まか》不思議な音を奏でていた友人も、いつのまにか無言になって水面を凝視している。

　その視線は異様に熱く感じられて、何とも表現できない複雑な感情に操られているようであった。

　それを見るなり、ある考えで頭の中が一杯になった。

見るな。あれは僕だけのものだ。もうこれ以上、見るなよ。

もう我慢できない。あれは僕だけのものであるべきだ。

それは明らかに、突如芽生えた激しい嫉妬心であった。

このような場所に不自然に浮かんでいる、生首という存在には何の疑問も抱かずに。

河埜さんは水面に浮かぶ少年の頭部を小谷君から遠ざけるべく、彼の腕を強く引っ張った。

「もう、帰ろうよ。早く、早く」

急かすように言いながら、腕を引っ張って半ば引き摺《ず》るようにして帰ろうとした。

もっと見ていたい。できることならばずっと見つめていたい。その考えはかなり強かったが、それより何より、その存在を友人に見られているほうが彼にとっては耐え難かったのである。

小谷君は何か言いたそうにしていたが、残念そうな表情を見せながら、やむなく帰路に就いた。

「誰にも言わないでおこうな」

やや強めに言ったその言葉に、友人は無言でこくりと頷いた。

その夜、河埜さんは熱を出して寝込んでしまった。

四十度を超えるような高熱で、布団の中で意識を失ってしまうような状況であった。

御両親は大層心配してあちらこちらに電話を掛けたが、診てくれるような医師は何処にもおらず、仕方なく朝まで待つことになった。


気が付いたとき、河埜さんは暗闇の中で一人佇んでいた。

どういった訳か、知らない場所にぽつんと立っており、辺りに人の気配は感じられない。

しかし、人以外の何かがいる気配、しかも物凄い数の何かが近くにいるような気がして仕方がなかった。

辺りは暗闇に包まれているだけでなく、物音一つ聞こえてこない。

と思った途端、くるるるるっ、くるるるるっ、といった何処かで聞いたことのある音が聞こえてきた。

猫の喉鳴らしに似ているような気もするが、より一層低音が強調されている。

しかも、それより何より、そんな可愛いものでは絶対にない。

もっと禍々しく、悍ましい、得体の知れない存在の唸り声にしか思えなかった。

河埜さんは恐怖に恐れ戦きながらも、目を慣らそうと必死に辺りに視線を動かしている。

「…………ねえ」

遠くのほうからくぐもった声が聞こえる。

「……ねえ」

声は先ほどよりも明らかに近い。

「ねえ」

不意に耳元で話しかけられたものだから、心臓が止まりそうになって思わず腰から崩れ落ちてしまった。

地べたに尻餅を突きながら、勇気を振り絞って声を出してみる。

「誰？　一体、誰なの？」

震える声で誰何《すいか》すると、鈴を転がすような美しい声が言った。

「ねえ。一緒に来る？」

酷く驚いて答えに窮していると、地面に着いていた右手首をぎゅっと強く掴まれた。

その手はやけに冷たく、そして何だか酷くヌルヌルしている。

すると、いきなり目の前に顔が現れた。

暗闇の中、それは薄らと光を纏ったように耀《かがや》き、一目で魅入られるほど美しかった。

吸い込まれそうな鳶色の瞳に、ぷっくりと盛り上がった紅い唇は艶に溢れている。

間違いない。沼で今朝見かけた、あの少年である。

「ねえ。一緒に来る?」

心臓の鼓動が激しくなり、あっという間に頬が紅潮していくのが自分でも感じられる。

頭の回転が一気に鈍くなっていき、考えが一向に纏まらない。

河埜さんは少年の促すままに、その場で立ち上がった。

そして付いていこうとして歩み始めたとき、唐突に家族の顔が脳裏を過った。

両親、妹、祖母、みんな自分を待っているに違いない。

この少年に付いていけば、もう二度と家族に会えないような気がする。

河埜さんはその場で大きく息を吸うと、一気に吐き出した。

そして自分でも信じられないような大声で喚き始めると、少年の握り締める右手を力一杯振り切ろうとした。

少年の掴む力はより一層激しくなっていき、爪が手首にざっくりと食い込んでいく。

それでも必死に抵抗し続けていると、唐突に右手が軽くなった。

目の前にある少年の顔も残念そうな表情に変わっており、やがて哀しげな眼差しで河埜さんに一瞥をくれると、その場から消えてしまった。

「気を失っていたらしいんですよ。小谷君と昆虫採集に行ったことまでは覚えているんですが……」

帰ってからのことは、殆どと言っていいほど覚えていなかった。

「あ、おかしな夢を見たことは覚えていますけど。問題は目を覚ました後のことで……」

河埜さんの身体には、右手首だけでなく全身に子供の手形がはっきりと残っていた。

それは紫色に変色しており、今でも一部分の痕跡は身体に残っている。

「このことは、大分回復してから両親に教えてもらったのですが……」

熱が下がった直後の身体に負担を掛けないように、敢えて黙っていたことがある。それは、小谷君の死について。

小谷君も同様に、帰宅後気を失ってしまったらしかった。

しかし、彼はそのまま二度と目を覚ますことはなかった。

噂によると、顔面から足に至るまで、河埜さんの身体にあったものと同じ大きさの、子供らしき手形がびっしりと残っていたという。

それは妙にどす黒く、そしてかなり激しく掴まれたのであろう。

その部分の皮膚は酷く陥没していたとのことである。

ペット不可のマンション

鵜飼さんが住むマンションは、ペット不可である。

彼と妻、小学五年生の娘は大の動物好きだった。

できれば犬や猫が飼いたかったが、我慢をしていた。


暑い夏の日、鵜飼さんは午前中のリモートワークを終え、外へ昼食を買いに出た。

そのとき、隣の部屋のドアが開いた。

娘より少し年下くらいの少女が何かを胸に抱えて出てくる。

目が合った。彼女は慌てた様子で中へ戻り、ドアを閉めた。

（……兎？）

少女の胸に抱かれていたのは、小さな兎だ。

茶色で耳が短い。ネザーランドドワーフという兎だろうと、動物好きの彼にはすぐに思い当たった。兎も大好きだったからだ。

しかしマンションはペット不可である。

とはいえ、密告する気にはなれない。

ただ（隣は兎ちゃん飼っているんだ。いいなあ。でもここじゃ飼えないからなぁ。でも羨ましいなぁ）と思っただけだ。彼も家族も、ルールを破ることが苦手だった。

後日、隣の子供とエレベーターで乗り合わせたことがある。

何かオドオドした様子だ。兎のことだろうとすぐ合点がいった。大人が苦手なのかもしれなかった。だが、それだけではないくらい身を固くしている。精一杯気付かないふりをしながら気配を消した。

少女は黙ったまま俯いていた。


それから数カ月後、厳しく冷えた日の翌日だ。

早朝の散歩から戻ると、マンションの足下出入り口の前に誰かがいる。

隣の部屋の少女だった。

かなり軽装だ。薄手の長袖シャツに七分丈のパンツ、足下はスニーカーだが、靴下を穿いていないのか素肌が見えている。マスクだけはしっかりしていた。

大きめのレジ袋を両の手で少し重そうにぶら下げ、何か途方に暮れているように見えた。

（まさか、何かあったのか）

時々、隣家では母親らしき人物の声が聞こえてくることがあった。

内容は聞き取れない程度だが、声のトーンから言えば、叱責だろうと予想が付く。それも、かなりヒステリックな感じの、だ。

マンションの各部屋は一応防音能力が高いのだが、それでも壁を突き抜けて響くのだから、どれだけ大きな声が想像に難くなかった。

しつけという名の虐待かもしれなかったが、流石に確証もなく口出しする訳にもいかない。それにマンション住民同士はそこまで仲が良い訳でもない。娘がこの少女と友達だと聞いたこともなかった。

そういえば、と思い出す。

昨日の夜と今朝、隣の部屋から大きな声が聞こえてきた。

(もしかしたら、母親から叱られ、逃げ出したのか。それとも、外へ追いだされたのか)

保護すべきか。逡巡し、声を掛けた。

少女はおはようございますと朝の挨拶をして立ち去ろうとしたので、できるだけ抑揚のない声で、どうしたのか、何かあったのか、と訊ねた。

少女は硬直気味に首を振る。あまり立ち入っても仕方がない。しかし何処か痛々しいその様子に心が痛む。

少し待っておきなさいと言って、近くのコンビニへ急いだ。

温かい飲み物と使い捨てカイロを買う。

再びマンション前に近付いていくと、女性の金切り声が耳に入った。

目を凝らすと、大人の女性があの少女を怒鳴っている。

少女の母親だった。

母親はダウンジャケットと分厚いボトムを身に着けていた。

激高した様子で母親は大声を上げ続けている。ただ、まだ距離があるせいで内容は分からない。ブツ切れ程度にしか聞こえなかった。

のろま。ぐず。アンタ。兎。死んだ。寒かった——と、少女の手にあるレジ袋を指差しながら、叫んでいる。様子を見つつ、近付いた。

母親はこちらに気付かない。というより、他の通行人があっても、あまり気にしていない様子だ。そして、更に癇癪《かんしゃく》を起こしたように怒鳴った。

「早く棄ててこい。このマンションだとバレるだろ！　どっかのコンビニか別の集積所でも投げ込んでこい！」

母親が漸くこちらへ顔を向けた。

目が合った。彼女はプイと他を向くと、そのままエントランスへ入っていく。

少女は声も出さず、真っ青な顔で震えている。

飲み物とカイロを渡すが、受け取ってくれない。困ってしまう。レジ袋を指しながら、思わず口に出してしまった。

「それ……兎？」

ギョッと目を丸くした少女は、レジ袋を持ったまま、何処かへ走り去ってしまった。

もう追い掛ける気も失せ、その後ろ姿を見送るしかなかった。


年が明け、二月も半ばのことだった。

隣が空き室となった。

「色々あったみたいだよ」そう妻が教えてくれた。


隣は母一人子一人の母子家庭だった。

母親はモラハラ気質の所謂〈毒親〉らしかった。

毒親とは、過干渉、暴言、暴力で子を思い通りに支配しようとする親のことだ。

見るに見かねた母親の友人か何かが児童相談所に通報したのだが、それすらかいくぐって、娘を手元に置いていたようだ。

しかし、今年の新年を迎えてすぐの頃だ。

マンション住民の何人かがおかしなものを見た。

隣の母親が、ノーマスクのまま薄着でエントランスを徘徊している姿だ。

口を開け、呆けたように緩慢に歩き回る様子は、一言で言うとゾンビものの映画を思わせる。声を掛けても反応はない。どう見ても異常だった。

時折、肌着だけのこともあり、住民は管理会社へ連絡を繰り返した。

そして、一月も終わりの夕方のことだ。

母親がまたエントランスを徘徊している。

しかし、何故かツーピースのスーツ姿だった。

アウターはスーツのジャケットなので、寒そうだ。足下はやや高めのヒールである。

それでも目にした人は「ああ、少し普通になったのか」と安堵した。

だが、その瞬間、母親は突如として外へ飛び出した。

勢い余ったのか前方へ転ぶ。そのまま四つん這いになると凄い勢いで歩道を横断し、道路へ飛び出した。

車の通行量が多い時間帯だった。

母親は乗用車に跳ね飛ばされた。落ちた場所にも車が走っており、踏まれた——。

妻はマンションの情報通から聞いたようだ。

あの母親の問題が起こったせいで、お互いに不干渉だったマンション住民はある程度情報交換を始めていた。

「死んではいないみたいだよ。ローカルニュースでも出てたけど、死亡扱いじゃなかった。でも、もう子供の世話はできないみたい」

母親が跳ね飛ばされるところは、別の住民が路上でたまたま遭遇していた。

残された娘は、親戚の家か施設に引き取られたという話だった。

それがよかったのか、それともよくないのか、鵜飼さんには分からなかった。


兎は幸せを運ぶ動物だという説があると、動物好きの鵜飼さんが教えてくれた。

でも、隣の家には運ばなかったんでしょうね、と暗い声になる。

彼は今も同じマンションに住んでいる。噂に聞いたが、あの毒親——母親は亡くなったようだ。

ただ空き室のまま次の住民が入らない隣から、時折音が聞こえることがあると言う。

重い物が壁にぶつかったような、低い音が二回連続で、だ。

ふと、隣の母親の事故の状況を思い出す。車に跳ねられ、踏まれたという話を、だ。
購入してしまったマンションだから、引っ越しをするつもりはない。
何もない、聞こえないと言うことにして、今も家族三人で暮らしている。
もちろん、ペットは飼わないままに。

ジビエ

明治時代、兎はペットとして人気があったのだという。

ただこの生き物は、愛くるしいが短命で、小動物らしい残忍さと獰猛《どうもう》さもあり、まず人間には懐かない。

「曾々婆ちゃんは、羨ましかったんだってさ。子供の頃友達が飼ってるの見て、親にねだって叱られた、と」

金持ちしか飼えなかったのだという。

茂木さん自身が直接聞いた訳ではないにしろ、曾々お祖母様は晩年までよくその話をしていた。そのエピソードは語り継がれ、茂木さんの曾お祖母様も、お祖母様も、『兎を飼ってみたい』と思って育ったのだそうだが、彼にはいまいち理解できない感覚でもある。

「俺は爺さん似で、犬派だから」

彼の話の舞台である今から三十年以上前の当時、明治生まれの曾々お祖母様は既に鬼籍に入っており、曾お祖母様は八十近くながら御存命であった。

一方、祖父方は入り婿で、犬派であった。

お祖父様のほうは豪胆な人物で知られていた。狩猟を趣味にしており、若い頃はマタギとして生計を立てていたほどだというから本格的である。

つまり彼の祖母・祖父の間には、兎について愛玩動物と獲物といった二つの視座が存在した。

「俺は爺ちゃん派だった。婆ちゃんには兎を喰うなって言われてた。特に裏山のを捕まえては絶対にいかん、許されん、と」

彼が思い出すのは七歳になった日のことだ。

祖父に呼ばれて庭に行くと、大きな、茶色の兎が足を縛られて吊るされていた。

「おまえも七つになったんだからな。祝いだ」

そう言われ、兎を見る。

祖母からは、山の兎だけは食べてはいけないと言われていた。

祖父は慣れた手つきでその獲物を絞め、解体して炭火に掛けた。

それを茂木少年は食べた。

牛や豚よりも美味だった。祖父の獲る他の肉に比べてずっと癖がない。鶏肉よりも遙かに肉らしく、脂もほどよい。それが可愛らしいほどの肋骨からほろほろとほぐれて口の中に転がり込んでくる。

婆ちゃんには言うなよ？　と釘を刺された。

「――当時はそこまで思わなかったけど、思い出すとまるで人間に喰われるためにある肉だって、それくらいには思える」

彼はまた食べたいとせがみ、それからお祖父様は張り切って猟に出かけるようになった。犬を連れ、猟銃を持ってゆくこともあった。

「軽トラに乗ってさ。鹿とか熊も食べさせてくれたが、一番はやっぱり兎だな。俺が見た獲物は、ちょっと土が付いてるくらいで銃で撃たれた痕はなかったから、多分罠なんだろうな」


一方、祖母のほうはいい顔をしなかった。

七つの祝いの件を知ってか知らずか、茂木少年に対して厳しい目を向けることもあった。祖母は彼を呼びつけると「爺さんが狩りに出かけるときはこう言ってやれ」と諭した。

『兎などお殺せなさいますの？』と訊いてやれ、と。

お殺せ――？　と茂木少年は奇異に思ったが、祖母が怖かったので言われた通りにした。

すると、祖父は顔を酷く歪め「畜生め」と吐き出す。

その日の夜、祖父は不機嫌だった。獲物が姿を現さなかったことで、猟は全く空振りに終わったのだそうだ。

「『兎などお殺せなさいますの？』――何だか変な言い回しだが、これを爺さんに言うと不猟になるらしいんだ」

元は古い文学に現れるセリフであろう。

何故そのセリフがお祖父様にとって呪いのように効くのかは分からないが、恐らくは祖父母の間でだけ通じる符牒《ふちょう》のようなものであったに違いない。

「多分、爺ちゃんはその言葉が嫌いだったんだろう。落ち着きがなくなるくらいに動物は、人間の汗を嗅ぎ分けるという。

同じことはそれから度々あった。

お祖母様は、ただ猟に出ることについては何も言わない――しかし兎を獲ってくると、呪いの言葉を吐いた。

「『お爺様、兎などお殺せなさいますの？』とね。すると爺ちゃんは一遍に機嫌が悪くなって、獲ってきた兎をそのまま放っちまうことさえあった」

その内、不幸が起きた。

ある日、猟に出た祖父はようやく見つけた最初の獲物を追って山へと分け入った。前日に浴びせられた例の言葉の影響か、それまで獲物を見てもいない。

この時期には珍しい、黒い野兎であった。

ふだんは兎を撃たない祖父も、そのときばかりは腹立ち紛れに兎を狙って撃った。

だが弾は狙いを僅かに逸れ、後ろ足を傷つけたのみ。手負いの兎を逃がしてしまう。

それを追ったのは彼の愛犬だった。

愛犬は追跡の途中、地面にあった兎の穴に嵌《はま》り込み、同じく後ろ足を骨折してしまった。

「そうなるともう猟犬としては終わりなんだとさ。俺はよく分からなかったし、今だって分からねえが、結局爺ちゃんはその犬を殺しちまった」

老いた猟師は泣いていたという。

お祖母様にも辛く当たった。

「相棒を失って、爺ちゃんはもう狩りに出ないもんだと俺も思ってた。ところが――」

数日後、祖父は沢山の兎を獲ってきて庭に並べた。

軽トラはシートを被ったまま暫く動いていない。ならばこの兎はすぐ近く、恐らく裏山で罠に掛けられたものだ。

獲物は大きいものから小さいものまで、軽く十はあった。罠は時間が掛かるし、成功率が低い。一体、どんな裏技を使ってこれだけの数を稼いだのだろうか。

「美味えぞ。捌いていけ」

祖父はそう言って茂木少年にナイフを渡す。

当時、彼は十歳になっていた。祖父の真似をして、ナイフも鉈《なた》もそれなりに扱える。

鳥の場合は羽をむしるのが大変だが、兎は腰の辺りに横向きにナイフを入れるとそこから簡単に毛皮が剥ける。

鹿のように解体に何時間も掛かることはない。刃を落とすと、まるで大根を切るようにパーツ毎に分かれ、内臓もあっさり引き抜けるのだ。

祖父は一羽あたりものの十秒と掛けずに肉へと変えてゆく。茂木少年は躊躇いもあったが、首だけ祖父に落としてもらうと見様見真似でもすぐに習得した。

そこへ、祖母の金切り声が飛び込んできた。

振り向くと、彼女は縁側にへたり込んでいた。祖母はすぐ鬼のような形相になって、奥へ引っ込んでしまった。

「串焼き、バーベキュー、鍋……。たらふく喰ったよ。今の時代に、あれだけ兎喰う奴なんかいないだろうなってくらい」

茂木さんは、食べながらお祖父様にどうやってこれほどの数を捕まえたのか訊いた。

「『秘密だ』って言われたよ。悪い顔でな」

見立てとしてはこうだ——彼は日頃から裏山の兎を狙って、その移動ルートを完璧に把握していた。

「まぁ、今となってはそれも思い出だ。爺ちゃんはその後すぐ倒れて、暫くは入院したが一度も家に帰らず逝っちまった」

当時、彼の故郷では土葬が残っていた。

お祖父様も裏山の墓地に埋葬されたのだが。

「葬式から暫く経って、近所で人間の死体の一部が見つかったんだ。腐った、小さなきれっぱしな。どうして分かるかって、そりゃ爪見れば一発さ。間違いない。そりゃ人間の指そのものだもの」

それは、腐敗した人間の指や、肉片の付いた頭髪だった。

出所はすぐに分かった。

埋葬された茂木さんのお祖父様だ。

彼の埋葬された墓所には、無数の穴が開いていた。

兎の穴だった。

通常、土葬の墓地には樒《しきみ》や、有毒な彼岸花などを植えて動物の侵入を防いでいる。そうしなければ猪などに掘り起こされてしまうからだ。

もちろんその墓地も対処はしてあって、動物は侵入しないはずだった。まして兎などが堂々と人間の墓地に穴を掘ることは殆ど考えられない。

にも拘らず——何故か祖父の埋められた場所だけがまるで兎の巣穴のようになっていた。

「婆ちゃんは言ってたよ。昔、曾々婆ちゃんが子供の頃に兎を飼わせてもらえなかったのは、穴を掘るからだって。昔の庶民の家は、土間、台所と土の部分も多かったろう？」

お祖父様の墓が荒らされたことはもちろん騒動になったのだが。

その最中にもお祖母様は『言わんこっちゃない。天罰覿面《てきめん》だねえ』と少し笑ったのだという。

幻覚

四十代の梅田さんがそっと教えてくれた。

彼がまだ二十代だった頃、幻覚を見ていたという話だ。

それでよいかと自嘲気味に言うので、是非と答えた。


大学卒業後、梅田さんはある企業に勤めた。

しかし一年で辞めた。合わなかったからだ。

次の当てもなく退職してしまったので、再就職まで苦労した。就職氷河期だった。

漸く潜り込めたのはＩＴ系企業のシステムエンジニアだった。

ただし、かなりのブラック企業であった。

毎日仕事に追われ、定時に帰るなど夢のまた夢だ。しかしここを辞めてしまうと次がないという恐れがあった。だから我慢をして働き続けた。自縄自縛状態と言えた。

システムエンジニアになって二年が過ぎた頃だったか。

幻覚を見るようになっていた。

生活のちょっとした合間、ふと顔を上げると目の前に人の顔が浮いている。

かなりリアルで——いや、ほぼ生きている人間そのものとしか思えないものだ。

違うのは顔だけが浮いている、ということだけだった。

髪の毛などはあるのだが、顎から下に首は一切見えない。髪の長そうな者の場合は、垂れる毛先の途中からぼやけたように消えていた。

殆どが知らない顔で、老若男女だ。

それも繰り返し同じ顔がランダムに出てくる。現れる順番の法則性までは見極められないが、度々目にすると流石に覚えてくる。名前も何も知らないが「ああ、髭のおじさん」や「切れ長の目の美人」や「古くさいイケメン」「剛毅そうな老人」などイメージを重ねることで、親しみさえ覚えた。

ただし、会社では全く出てこない。

現れるのは大体が自宅アパートに帰宅できたときに限られた。

朝、明るくなってから着替えに戻ったとき。

深夜、やっと間に合った終電で帰り着いたとき。

一日だけの休み、ふと目を覚ますと夕陽が差し込んでいたとき。

月曜日、動かない身体に鞭打って出社準備をしているとき。

心身ともに辛いときが多かったように思う。

また、自分一人のときにしか出てこない。他人がいると現れなかった。

多分過度のストレスと疲れによる幻覚に過ぎないと、彼は考えていた。

否。今もそう思っている。


——ただ、その幻覚で見た顔にリアルで出会うことが何度かあった。

仕事上で出会う人が大半であった。他には新たに知り合ったクライアントとたまたま駅で顔を合わせたとき、手を引かれている子供が幻覚で出てきた顔だったこともある。

出会うパターンは様々で、その度に驚いてしまうのが常だ。だから相手も梅田さんの表情を見て、疑問の表情を浮かべる。流石に「幻覚でお会いしましたね」などとは言えない上、誰に話しても危ない人間扱いされるだろうことは想像に難くない。

だから誤魔化して、幻覚の顔に出会ってもできるだけ平静に装う癖をつけた。

因みに、リアルで顔を見ると、幻覚には出てこなくなった。理由は分からない。


システムエンジニアになって五年が経つ頃、身体を壊した。

ここが潮時と会社を辞め、次は全く違う職種へ就いた。

新しい職場はホワイトに近く、またやりがいのある仕事ばかりだった。昔、何故あんなブラックなところで耐えていたのかとすら思ってしまう。

仕事にプライベートに毎日楽しく過ごせた。が、たまにあの幻覚を見た。

以前とほぼ変わりない。場所も自宅である。

ただ、余裕ある生活の中で見ているということだけが違う。

ストレスなどが原因ではなかったのか、もしや脳に何か問題が生じており、それが見せているのかと精密検査を受けてみたが、全く問題なかった。

ホワイト企業に勤めだしてから見ていた顔は、同年代の見知らぬ男女のことが多かったように感じていた。

やはり、この男女と同じ顔を持つ人達にも会うことがままあった。

中には友人になったり、恋人になったりする相手もいた。

そして、幻覚の中で最も好みだった顔の女性と出会い、結婚した。

今は一人娘にも恵まれ、幸せに暮らしている。

実は成長した愛娘の顔も幻覚で見ていた。つい先日気付いた。

その後も幻覚は見ている。以前と比べ、回数はかなり少なくなっているが。

四十代も中盤を越え、梅田さんは幻覚と顔のエピソードを親友に語ったことがある。もう話してみても良いかなと思ったからだ。

相手は馬鹿にせず聞いてくれた。そしてこんなことを口にした。

「おまえの見ていた幻覚の顔は、これから知り合う人間の予知だったのでは？　それも重要な相手が多いとか」

言われてみれば確かにそうかもしれないと頷かざる得なかった。

システムエンジニア時代はクライアントなど仕事上で重要な人間の顔が多かった。辞めてからは親しくなる人間であるケースが増えた。また、自分の人生においてターニングポイントになる人も数名いる。会社の尊敬していた上司や、有能な後輩。そして妻や娘だ。もちろんクライアントの子供や、そこまで関わることのなかった顔もある。それもまた、人生に置いて何か関係しているのだろう。袖振り合うも多生の縁という言葉もあるからだ。

親友は更に続けた。

「あと、最近（幻覚を見る回数が）減ってきたのは、この先出会う人間が少なくなったからじゃないのか？　あと数年で五十代。あっという間に定年。そして外部の接触も減るだろう。だからじゃないか？」

考えてみれば、ここ最近の幻覚は中年や老人の顔が増えたかもしれない。しかし親友の言葉がほんの僅か厭な感じだなと思ったのも事実だ。

正直に伝えると、彼は素直に謝ってくれた。


梅田さんは今も顔の幻覚を見続けている。

そんな彼が一つだけ気になる顔があると言う。

非常に印象的な顔らしい。

男性。老人。禿頭。赤銅色の肌は皺だらけ。全体的に笑っている感じ。

しかし、目が怖い。

まん丸く見開いた目の眼力はかなりの圧がある。

この幻覚が出てくると身震いが止まらなくなる。

明確な理由もなく、また怖がるような表情でもないのにも拘らずだ。

だから彼はこんなことを零した。

——その顔の老人に、リアルで出会うのが、今、とても怖いのです。

仕出し

稲田さんが高校生の頃だから、昭和と平成の合間くらいのことだ。

彼は仕出し屋でバイトをしていた。

仕出し屋とは弁当や折り詰めなどを作り、販売や配送をする店である。

人気店だったが、やたら従業員やバイト募集の回数が多かった。

時給が良いので応募し、実際中へ入るとその理由が理解できた。

店主の性格の悪さ、募集説明にない業務内容、結果的な賃金の低さに人が次々に辞めるのだ。

朝令暮改は当たり前。仕事に関する無理難題も多かった。そもそも資格も何もない学生に「野菜を剥き、煮物を作れ、魚を焼け、肉を揚げろ」と大量の調理を押し付けてくる。人手が少ないからかもしれないが、給料を払う分働け、が店主の口癖だった。

その給料も一時間区切りで計算されるのだが、放課後の夕方六時に入ったとして、夜の九時を過ぎても上がれと言われない。九時五十九分になったとき、店主が勝手にタイムカードを押し、そこで漸く仕事が終わる。

片付けを済ませたときには十一時前ということもあった。それでも夕方六時から九時までの三時間分しか支払われない。

これらを、正社員から学生バイトまで全ての従業員に同じようにやっていた。皆が辞めていくのも当然だろう。

稲田さんも最初の一週間で辞めようとしたが、タイミングを失してしまった。

おかげで三カ月ほど働くことになったが、その間、唯一残っている中年の古参から色々なことを教えてもらった。

何故その従業員が辞めないのかと言えば、店主の息子だからだった。

それでもいつか辞めて、何処かへ逃げると言っていたのが、印象に残っている。

この仕出し屋では、床に落ちた料理もそのまま盛り付ける。

そうしろと店主が指導するからだ。

目立った汚れは取れ、取れなきゃ切れ、切ってもダメなら細切れにして他の料理に利用できないか頑張れ、と言うのだ。

そもそも食材の消費期限の判断は「臭わなければいい。味がはっきりとおかしくなければば大丈夫」というのだから恐れ入る。

加えて、殆どの食材を業務用か輸入品に頼っていた。原価を安く上げるためである。調味料の質も悪く、とにかく手抜きと経費削減のみ気を遣っていた。保健所などの公的機関に対する対策も悪知恵がよく働いた。バレなければよい。それだけだった。

店主の息子に大丈夫なのかと問えば、「クレームは付いていないから大丈夫なのだろう」と他人事のように語る。

しかし、どうしてこんな状態なのに人気店なのかは疑問でしかない。

「それは、うちの宗教のおかげらしい」

息子は事もなげに口にした。

彼が仕出し用の包装紙や割り箸の袋、ビニール風呂敷などを指差した。

「家紋とか模様みたいな奴。あれ、全部お呪いの模様なんよ」

よく見れば、家紋にしては少し複雑なデザインだった。

強いて言えば、中心が木瓜紋に似ている。その周りの縁を、うねる蔦のようなものがぐるりと囲んでいた。

息子曰く、色々なところに文字や記号が隠されているらしい。だが、稲田さんにはどれがどれなのか分からない。

一体誰がそんなお呪いを考案したのか、どういうことなのかを説明してもらった。

「父親が懇意にしている宗教の霊能者に、大金を払って作ってもらったものなんよ」

息子はそれを〈お呪い〉〈お呪いマーク〉〈お呪い袋〉などと称していた。

「これが添えてあるから、料理で食中毒は出ないし、美味しく感じるみたいやね」

本当かどうかは知らない。

ただ、稲田さんはこの仕出し屋に入る前、ここの弁当を食べたことがある。

とても美味しいと思った。だが、働きだしてからは不味いと感じ始めた。裏を知ったからかもしれないが、少なくとも調理中の味見ではイマイチだった。

正直な話、霊能者がそんなことができるのか眉唾だった。

しかし、現にこの仕出し屋の食べ物に関して世間の評判はよい。

息子は苦笑いしながら、こう口にすることがあった。

「人の口に入るものに対して、こんなことをしているんだ。近いうち瓦解するだろうし、ウチの父親もしっぺ返しで真っ当な死に方をしないやろ」

その言葉の通り、仕出し屋は突如として店を閉じた。

稲田さんが高校三年の頃だったから、バイトを辞めてから一年強ほど過ぎたときだ。

閉店の理由を知らぬまま、高校を卒業する少し前だった。

駅であの仕出し屋の息子に偶然会った。こっちにある土地の処分で戻ってきたらしい。

何故店を閉めたのか、訊いた。

「お呪いじゃどうしようもなくなったから」だった。

店の評判が突如として落ち始めたのは、稲田さんが辞めてからすぐだった。

父親が霊能者に金を渋りだした時期だと息子は言う。

「だからお呪いマークの力がなくなったんだと思ったんよ」

そしてほぼ同時期に父親の腹に病魔が巣くっていることが判明した。それからはあっという間だったようだ。

父の死を契機に店を潰したことで、大きな負債を抱えることだけは回避できたのだ、と息子は明るい顔だった。

彼は既にこの地を離れ、東京で別の仕事をしていると嬉しそうな笑みを浮かべる。それはとても印象的な表情だった。

短い立ち話の最後、息子はこんな言葉も漏らしていた。

「父親の病が発覚する前やんな。飲み物や食べ物の味が分からなくなった。口に入れると

〈苦い、熱い、痛い〉って言って、吐き出す。食べることがダメになったんよ。それも多分、霊能者に金払いを渋りだした後だったと思う」

そのまま息子と別れた。彼に会うことは二度となかった。

稲田さんがこんなことを教えてくれた。

バイトを辞める直前、店主が彼が作った椎茸の煮物をつまみ食いしたときだ。熱い！　と言って吐き出すのを見た。

煮物は調理台脇の鍋に入ったものだったが、完全に冷めていた。

そのときは〈変な人だな〉と思っただけだったが、息子さんの話を聞いて何となく合点がいった。既に店は終わり始めていたのだろう、と。

稲田さんは、仕出し弁当を食べるとき、あの頃を思い出す。

そして必ず、割り箸の袋や包み紙をチェックしている。

ブラック・ブラック

「お恥ずかしい話なんですが……」

萩原さんは泉のように湧き出る額の汗をハンカチで頻りに拭いながら、バツの悪そうな表情を浮かべた。

大学を出て二十年以上勤めていた食品会社が不況で倒産してから、今までの少々余裕のある生活から一転して、一気に苦境に立たされたのである。

「最初はね、軽く考えていたんですよ。はっきり言って前職では本部長として相当貢献していましたから。これほどの実績があるのですから、正直どんな会社に行ってもやっていけるだろう、なんて」

奥さんからは呑気すぎるとよく叱られたが、自分の価値はそんなものじゃない、と高を括っていた。

ところが、そうは問屋が卸さない。

最初の内は有名な転職サイト等に登録し、実績のある食品関係をターゲットとしてゆったりとした気分でオファーを待っていたが、そのようなものは待てど暮らせど来やしない。

「流石に一カ月近く来ないと焦ってきちゃいまして……」

今度は少々面白くはなかったが、自分から積極的に応募するようにした。

しかし、この行為も不調に終わってしまう。

「書類で落とされてしまうんですよ。ホント、面白いように。だって、結構名の知れた会社で本部長としてバリバリ働いてたんですよ？　こんな人材、どの会社も欲してるんじゃないですか、なんてね」

自分としては謙遜しているつもりであった。少々低く見積もっていたはずの自分自身の評価が、相当な勘違いであることが漸く分かり始めてきた。

ひょっとして、食品会社ではもはや自分の価値はないに等しいのではないか。

そう考え始めると、一気に気分が落ちていった。

奥さんの目も次第に冷たくなっていき、日中家にいるのも後ろめたくなってきた。小さいながらも一戸建てを購入していたので、失業保険から住宅ローンやら生活費やらをさっ引くと、手元には殆ど残らない。

更に、今までの貯蓄も目減りが激しくなっていく。

失業保険が終了するまで、あと半年も残されていない。

「もう、ヤバいな、と。もう、選り好みしてる状況ではないな、と」

そう思って、今度は公共職業安定所に足繁く通い始め、そこで得た求人を中心に応募するようになった。

「ホント、痛感しましたね。自分の価値のなさを。確かに、そうですよね。五十に近い管理職だった人間を新しく採用する会社なんて、そうそうある訳ないんですよ」

書類で門前払いされるケースは求人サイトよりは少なくはなったが、それでも面接で落ち続けた。

更に追い打ちを掛けるように、若い人事担当から説教までされてけちょんけちょんに貶されると、自分は今まで何をしてきたのだろうと、哀しくなってくる。

「ずっと通っているとね、毎回見かける求人が幾つかあるんですよ」

仲の良い職安の職員にそれとなく訊いてみると、いかにもといった感じで渋い顔をされた。

「まあ、色々あるらしいですよ。幾ら人材を紹介しても採る気がないところとか。あまりにもブラックすぎて、採用されてもすぐ辞めちゃうところとか」

しかし、萩原さんにはもはや選んでいる余裕はなかった。

とにかく、何処かに就職しなければ。少々ブラックでも、自分ならやっていける自信がある。

「そこで、いつも見かける求人に応募してみたら、何と即採用されたんですけど……」

社長と経理担当の奥さんだけの零細で、案の定給料は信じられない程安かったが、一日の拘束時間はそれほど長くはなさそうであった。

働きながら何かの資格を取得して、次へと繋げるのも悪くはないであろう。

通勤時間も一時間以内であったし、とにかくここで頑張ってみることにした。

ところが、求人票と現実の乖離は想像を超えるものであった。

仕事内容としては、掃除やお使いの雑用のみ。会社としてはＩＴ関連のベンチャーとのことであったが、社内にいるときの社長は部屋に閉じこもって何をしているのかさっぱり分からなかったし、経理はテレビを視ながらお茶を飲んでいるばかりであった。

しかも、拘束時間はやたら長い。特にやることもないので定時で帰ろうとすると、二人のどちらかにぎろりと睨まれる。

〈ウチが求めているのは、できるだけ長く会社にいてくれる人なんだけど〉

などと訳の分からないことを言われて、渋々従う他なかった。

結局毎日十二時間以上は拘束される羽目になり、しかも休みは日曜日しか貰えない。

それでも必死で食らいついて頑張っていると、試用期間の三カ月が近付いてきた辺りで、漸く仕事らしい仕事が回ってきた。

「まぁ、仕事って言っていいのか分かりませんが。模写でした、ね。ええ、意味の分からない文章らしきものを半紙に書くんですよ。もちろん、何枚も何枚も」

それは文字のようでもあり、絵のようでもあった。強いて言えば、象形文字のような得体の知れないものを、紙一面に筆ペンを使って書き続ける。

何だかさっぱり分からないものを、長時間ただ書くことが、果たして業務なのであろうか。詳しくは不明であるが、とにかく萩原さんはその業務に勤しんだ。

彼の書き上げた半紙は、ある程度枚数が纏まると、神妙な顔をした社長が回収していく。

「それが、どう考えてもおかしいんですが……」

社長は紋付き袴のようなものを身に纏いながら、厚手のゴム手袋を両手に填《は》めて、それを回収していく。

全く意味が分からないが、とにかくその姿に薄気味悪さすら覚えていた。

そのような奇妙なことをやらされてから、おおよそ数週間が経過した辺りであろうか。

突然、萩原さんの身体に異変が生じてきたのである。

酷使していた利き腕の痛みはもちろんであったが、どういった訳か、体重がみるみるうちに減っていった。更には不整脈のような症状まで出始めて、突如感じ始めた心臓の鼓動に、何とも言えない恐怖感すら湧いてきた。

更に、それだけでは済まなかった。今度は、おかしなものまで目撃するようになったのである。

勤務中を問わず、一人でいるときに限ってそれは現れた。

ふとしたとき、突然何かの気配を感じる。

慌ててその方向へ視線を向けると、ほんの一瞬だけそれらしきものが視線の片隅に映り込む。

目の部分に黄ばんだ包帯を巻いた、頭髪の薄い中年男の顔が。

薄らと開かれた不気味な口唇からは、不自然な程真っ白な前歯が垣間見える。

初めの内は幻覚かと思ったが、あまりにも頻繁に現れるので、到底そうとは思えない。

おかしい。何かが、絶対におかしい。

身体だけでなく精神にも大きな負担が掛かっているせいか、もはやまともに勤務できる状態ではなかった。

やむなく、一日休んで病院に行きたい旨を申し出たところ、社長の目付きが瞬時に変わった。

〈ふーん。そんな理由で休めると思っているんだ。おめでたいね〉

弱い立場である。そのようなことまで言われて、とてもじゃないが休みを貰うことはできない。

だが、社長の機嫌を損ねたことは間違いがなかったようである。

その日は日付が変わるまで賃金不払い業務を強制され、彼はふらふらの状態で家路に就いた。

もうイヤだ。本当に嫌だ。もう、全てが厭だ。もう、どうにでもなれ。

「はははははっはっはははははははッ！」

人気のない路地を歩きながら、真夜中にも拘らず、萩原さんは大声で嗤った。自分自身はもちろん、あのふざけた会社や、このような状況に自分を追いやったもの全てを。

足下も覚束《おぼつか》ない状況でふらりふらりと彷徨っていると、目の前に何者かが立っていた。

それは、時折彼を悩ませていたあの男であった。

仄暗い常夜灯に照らされて、男の全体像がそれとなく分かる。

身長は百五十センチ程度で、襤褸《ぼろ》切れのようなものを身に纏っている。しかも裸足であった。

垣間見える肌はざくざくに罅《ひび》割れており、全体的に青紫に変色していた。

そして腹はでっぷりと出ており、まるで餓鬼のようにも思える。

もちろん、萩原さんの精神状態も正常ではなかった。

彼はニタニタ嗤いながら、突如現れた男に向かってゆっくりと近付いていった。

それとともに、包帯を巻いたその男も口角を吊り上げて、同様に嗤った。不自然な真っ白い歯が、妙に苛立たせる、と思ったとき。

「……あ、そうか。首を、首を括れば、もう苦しくないんだ。そうだよな、うん」

何が起きたのか分からないが、突如その考えだけが萩原さんの頭の中を埋め尽くし、あっという間に占有してしまった。

「ええっと、ひも、ヒモ、紐は何処だ。ロープでも何でもいい。何でもいいから……」

自分でも分からないが、その場でしゃがみ込むと、地べたで何かを探し始めた。

そのとき、である。

反対方向から、たまたま女性が歩いてきていたのであろう。

そして、恐らく、例の包帯男を目撃したと思われる。

その女性は甲高い悲鳴を張り上げて、瞬時にその場から逃げ去ってしまった。

間を置かずに、ふと冷静に立ち返る。

どうしてこんなことをしているのであろうか。何でここまで、自分一人が犠牲にならなければいけないのか。

「……ええ、そうなんですよ。それで我に返ったというか、何というか。とにかく、彼女のお陰で正気に戻れたと今でも思っています」

萩原さんは薄毛の包帯男に一瞥をくれると、自宅へと戻っていった。今までにない、しっかりとした足取りで。

翌日、気合いを入れて出勤すると、社長に退職する旨を伝えた。

信じられない、みたいな表情をした社長からさんざん嫌味を言われたが、何とも思わなかった。

「もうね、笑っちゃうんですよね。こんなので音を上げてたら何処に行っても通用しない、とか何とか。もちろん、私はずっと睨めつけていましたけど」

その勢いに気落ちしたのか、社長は自信なさげに続けた。

〈なあ、もう少しなんだから。あとちょっとなんだから、頑張ってくれないか〉

だが、萩原さんの意志は揺るがなかった。

だらだらと続いている馬鹿げた懇願を突っぱねると、ついに社長は諦めたような表情を見せながら、吐き捨てるように小声で零した。

「もう少しだったのに。だらしがねえな。ったく、どいつもこいつも……」

「あのときはね。正社員までもう少し、って意味だと良いほうに捉えていたんですけど。

そんな訳ないですよね。うん、絶対に違うって言い切れる」

あの延々と続けさせられた意味のない仕事、実はその仕事にこそ、何らかの意味があったのではないだろうか。

萩原さんは、あれからすぐに輸入会社に雇用され、日々充実した生活を送っている。

「お陰様で働き甲斐のある会社で……運が良かったんですよ、ええ。自分は運に恵まれていたんですよ」

今でも休日になると、好奇心からか時折、インターネットで求人票を閲覧することがある。相も変わらずの不景気で、不人気そうな求人ばかりがやけに目に付くが、あの頃見覚えのある会社名は全くと言っていいほど見当たらない。

もちろん、今でも絶賛求人募集中のあの会社を除いては。

ギプス

平田さんは草野球でプレイ中に、右腕を骨折した。

走者として二塁ベースにスライディングをした際に身体と地面に巻き込んでしまい、右前腕部の橈骨《とうこつ》と尺骨《しゃっこつ》があっさりと折れてしまったのだ。

プレイに熱中して脳内がアドレナリンで満たされていたせいか、最初は何が起きたのかさっぱり分からなかった。

だが、味方チームのみならず敵方からも選手達が、彼の元まで一斉に駆け寄ってきた。皆真っ青な顔で心配そうに声を掛けてくるので、自分の身体に何かが起きたであろうことは何となく理解できたが、それより何より全身が熱く火照っていてよく分からない。

「救急車っ！　早く、救急車っっっっっっ！」

友人の吉田の叫び声に、思わず顔を顰めた。そしてその視線の先にある自分の右腕に視線を向ける。

一瞬、息が止まった。

どういった訳か、腕が奇妙に折れ曲がって、何か白いモノが皮膚から飛び出しているではないか。

「……えっ、うで？　俺の腕？　……折れてる？」

そう口にした途端、今まで経験したことがない猛烈な痛みが一気に襲いかかってきた。

そしてそのまま、意識が闇の奥底へと落下していった。

「まあ、大体五、六週間である程度固まるからね。全治は三、四カ月程度かな」

若く見える割には嗄れた声の医者がそう言うと、傍らにいた妙齢の看護師が何度も頷いている。

ぼんやりとして焦点の合わない頭の中で、考えを巡らす。

確かグラウンド上にいたはず……何故、病院に……しかもベッドの上に……。

さっきから違和感のある右腕に視線を向けると、真っ白な包帯で覆われている。

ああ、そうだった……折れたんだ……あのとき。

その瞬間、右腕を苛む鈍痛がより激しさを増しているような感覚に囚われて、ゆっくりと目を瞑った。

平田さんが運ばれた病院は地元では一番大きな総合病院で、医療の質も高く評判も良かった。

もちろん、右腕の骨折だけでいつまでも入院している訳にはいかない。念のため二日入院しただけで、後は折れた箇所にギプスをして、週に一度の通院に切り替わった。

だが、利き腕が使えないというのは、想像以上に難儀する代物である。

また、一人暮らしの気楽さが仇となって生活には何かと不便であったが、それでも不自由ながらも様々に工夫しながら会社と病院に通っていた。

ところが、数日経過しても症状はなかなか良くならなかった。

それどころか、より強力な痛み止めを常時服用しなければならないほど、毎日が強い痛みとの戦いであった。

「……おかしいな」

診察室でレントゲン写真を観察しながら、主治医は盛んに小首を傾げている。

「……なかなか骨がくっ付かないみたいね」

「と、言いますと、何かの病気ですか？」

「いや。まあ、癒合自体は進行していると思うんで、遷延治癒だとは思いますが」

「せん……え……え？　どういう意味ですか？」

「いや、ね。いずれにせよ、もう少し掛かりそう。まァ、一緒に頑張りましょう！」

主治医の嗄れた声が、妙に腹立たしかった。

骨折してから三カ月経過したが、右腕の状態は少しも良くなっていない。

むしろ色々な意味で悪化してしまった、といっても過言ではなかった。

相も変わらず我慢し難い痛みは容赦なく襲いかかってくるが、痛み止めの薬の効きは次第に悪くなっていく。

しかも、骨折が原因なのかは分からないが、時折高熱に見舞われるようになってしまった。

この発熱は相当厄介な症状で、平熱からいきなり一気に上がったり、また同様に下がったりした。

これが一日で複数回起きてしまうと、体力は一気に削られてしまう。

そのように体調が悪化したときに限って、よく分からないモノを目撃するようになった。

目撃といっても、はっきりとではない。

何ということもないときに、ふと視界の片隅に紛れ込むように、それは突然現れる。

長い髪を振り乱した、黒いワンピースらしきものを身に纏った、女の姿。

凝視しようとしても決してできない、近付こうとしても決して辿り着けない、まるで逃げ水のような存在である。

だが、この存在が彼の精神を、じわりじわりと刮《こそ》げ落としていく。

次第に会社も休みがちになってしまい、生活自体もみるみるうちに荒んでいった。

「一旦、ギプスを外して診たいんですが……」

しかし、この医者に対しての信頼感は既になくなっていた。

半ば自棄になりながら医者に対して思うがままの言葉をぶつけ、それ以来通院すること自体を止めてしまった。


ある日、見かねた友人の吉田が半ば強引に、平田さんを他の病院に連れていった。

渋々従ったが、吉田の行動が実に有り難かった。

事前に別室でレントゲン写真を撮ってから、おおよそ三十分後に診察室へと案内された。

室内では〈横山〉という名札を付けた長髪の先生が、先ほど撮影した写真を凝視している。

「これ、骨折した日って間違いないですよね」

「はい。間違いないですね」

「……全然直っていないなァ。どうしちゃったんだろうなァ、コレ」

医者は小首を傾げながら、カルテに何かを記入している。

「ちょっと見えづらいんで、ギプス外してから写真撮りましょうか」

ベッドに寝かされると、医者は電動ノコギリのような機器でギプスを切り始めた。

患部に伝わる振動が辛かったが、それより何より、皮膚を切り裂かれるんじゃないかと心配になった。

しかし、このしつこい痛みが消えるのであれば、少々皮膚を切られても大歓迎、とまでも考えていた。

「あれっ、何だこりゃ？」

取り外したギプスの中に何かが入っていたらしく、医者は不審そうに見つめている。

それは一枚の紙片らしきものであった。

一方の端がギザギザになっているので、もしかしたらノートから切り離したものなのかもしれない。

「これ何？　お呪いか何か？」

医者は紙片らしきものを手に取ると、平田さんの顔付近まで近付けた。

汗でくしゃくしゃになってはいたが、変色した紙片に間違いない。

水性の筆か何かで文字が書かれていたようだが、汗と脂をたっぷりと吸い込んだせいで、まともに読める状態では既になくなっていた。

そのようなものには見覚えが一切なかったので、滅相もないとばかりに、平田さんは首を左右に強く振った。

「……あっそ」

医者の興味は一気になくなったのか、そう言うなり紙片をくしゃくしゃに丸めると、足下のくずかごへと投げ捨てた。

あの後すぐにレントゲン写真を撮って、ギプスを巻き直した。

それから間もなく、骨折の具合はみるみるうちに良くなっていった。

あれほど悩まされた痛みからもすっかり解放されて、あの先生には足を向けて寝られないな、などと考えていた。

後から考えると、例の黒いワンピースの女の姿も、ギプスを交換して以来一切目撃していない。

そしてとうとうギプスを外す日がやってきた。

待ちに待ったこの日とばかりに、約束の時間よりもかなり早く病院に到着したところ、受付で予想もしていないことを知らされた。

「横山先生が急にお亡くなりになったので、今日は他の先生の診察になります」

それから少し経ってから、またしてもとんでもないことを知ってしまった。

何と、最初に担当になった病院の医師も既に他界していたのである。

「全く、何だったんでしょうね……」

いつのまにかギプスの中に混入していた紙片は一体何だったのか。そして、一体誰が入れたのか。

更に、黒いワンピースの女と亡くなった医者達。これらは一体、どう関連しているのであろうか。

これらが何らかの呪いであったならば、この先どのように姿を変えて自分の身にも累が及ぶか分からない。

それら全てが一切不明のまま、平田さんは今日も日常生活を営んでいる。

いつ何時自分の身に降り掛かってくるかもしれない恐怖に、半ば怯えながら。

「今思うと、先生方には悪いことをしたと思っていますけど。でも実際、俺もどうなるか分からないんで……」

綺麗に完治した右腕を優しく摩《さす》りながら、平田さんは震える声で言った。

食べない理由

石野さん宅では、○○を食べない。

食べない物を書くと、少しプライバシーに抵触するかもしれないので伏せる。

しかしそれだと記録し難いので、便宜上ここでは〈オクラ〉とする。


石野さん宅では外でもオクラを口にしない。

これは彼とその妻、小学生の娘と息子も徹底している。ただし、妻である人は式を終えてから口にしないようにさせていた。

理由は簡単で「石野家、と言うか、自分の家には〈オクラを食べるな〉という言い伝えが残っているから」に過ぎない。


特定の物を食べることが禁忌だという土地や一族がいると聞いたことがある。

例えば、鰻だったり、鯉だったりと様々なバリエーションが存在している。

何故、石野さんの家がオクラを食べてはいけないか。食べたらどうなるのか。

曰く「食べてはいけない理由は複数あるが、少ししか話せない。食べるとどうなるかと言えば、体調を崩すか怪我をする。或いは死ぬ」。

アレルギーや他の理由で体調を崩す、死に至るのかもしれないと理由付けはできそうだが、怪我に関してはよく分からない。詳しく訊くと途端に口が重くなった。少し待ってくれと彼は言う。暫し黙りこくった後、口を開いた。

石野家の系統を調べると、明治時代まで遡ることが可能だ。

戦火を逃れた寺の過去帳で辿ることができた。

石野家はただの農家の出であり、由緒正しい家系ではない。もちろん親族はいるが、それだけのことでごく普通の家だ。

ただ、曾祖父の時代から、例の「オクラを食べるな」が始まった。

理由は複数ある。全ては因果と言える。

オクラを食べた石野家の人間はもれなく患うか、怪我をするか、死んだ。

死は仕事中に崖から落ちる、など予想もしない事故が多い。

分かる中では自死は一人だけであり、気を病んだせいであったと言われる。

これらは石野さんの家の直系にのみ起こっていた。

また家に嫁いできた者も、式を終えたら該当するから、気を付けろと厳命されていた。籍を入れただけならまだ大丈夫だと言うことであるが、曾祖父、祖父、父の三人の妻達だけの話なので、真実かはっきりしない。

反対に、石野家から外の家へ嫁げば、オクラは解禁となるらしい。

——が、家から出ていない者にはやはり累が及ぶ。子供達が誤って口にすれば、病や怪我が降り掛かる。その中には亡くなった子もいた。

加えて曾祖父と曾祖母、祖父と祖母、父と母はオクラを口にした後、死んでいる。だから、石野さんの家は現在、御自身と妻、娘と息子の四人家族だ。後はオクラに無関係な義父母が遠方にいるだけである。

このままだと石野家は末の息子が名前を継ぐことになる。

そういえば石野さんが子供の頃にこんなことがあった。

彼の姉が間違えてオクラを食べてしまったのだ。

友人宅でお昼を御馳走になったときだ。何かに刻んで混ぜられており、気付いたのは飲み込んだ後だった。

帰ってきてから病みついた。回復するのに二週間ほど掛かった。

嫁いだ後、姉は恐る恐るオクラを食したが、そのときは何もなかった。言い伝え通りだったと、父母と石野さんは恐れ戦《おのの》いた。

意地悪な質問だが、給食や会食、他の断れない食事の際、オクラが出たらどうしていたのか、訊ねてみた。

「食べないで残すか、残せないときは口に入れて、隠れてナプキンやハンカチに吐き出した。マナー違反だが、料理ごと人にあげたり、わざと零して食べられないアピールでやり過ごした。気付かずに食べても、多分影響はあると思う」

人生でオクラを含むものを全く食べていないことはない、知らぬ内に摂取していることもあると思うが、と前置きしてからの回答だった。

それでも徹底していることには変わりない。

しかし、そこまで気を付けているのにも拘らず、曾祖父母から父母は何故オクラを食べて亡くなったのだろうか。

「これは伝聞と、自分が目の当たりにした話だ」と彼は言う。

曾祖父と祖母は五人子供がいた。

上から娘四人。末に息子（石野さんの祖父）一人である。

次女がオクラで亡くなった後、長女と三女、四女は嫁に出て事なきを得ている。

最後、息子が妻《めと》を娶り、長女が生まれてから数カ月後だ。

曾祖父母が二人でオクラを食べるのを息子は見た。

驚き、吐き出せと言うが二人は微笑んで固辞したという。

翌週、自宅近くの漬け物小屋で二人並んで倒れていた。

息子が発見したときには、既に冷たくなっていた。

自死ではなく、突然死だろうということだった。


石野さんの父親も同じようなことで両親を亡くしている。

父親の上に姉が二人いた。二人は嫁に出てからオクラを普通に食べるようになった。

父親が結婚、長女が生まれて三カ月後、祖父母はオクラを食べた。

が、食べたところを直接見た訳ではない。

電話が掛かってきて、食べた、と申告されたのだ。その際、祖父母は『その内死ぬと思うが、できるだけ迷惑が掛からないようにしている』と言った。

その言葉の通り、殆どの始末が済んでいた。

祖父母が亡くなっていたのは自宅で、たまたま訪れた隣家の人間が発見した。

玄関先で二人並んで倒れていたようだ。やはり心不全として処理された。

石野さんの両親も同じような流れでオクラを食べた。

初孫を抱かせることができたと喜んでいた矢先、母親から画像付きメールが送られてきた。両親が二人、自宅でオクラの皿を前にした姿だった。笑顔を浮かべていた。

メールには『オクラを食べた。家の片付けはほぼ終わっている。相続等に関する遺書も用意している。迷惑を掛けるが頼む』とあった。

翌日、慌てて実家へ戻ると両親は元気だった。

しかしメールの通り家の中は片付き、閑散としている。どういうことか訊ねても箸にも棒にも掛からないような会話でお茶を濁された。印象深いのは「もういいかなと思って」という言葉だった。

果たして、それから三カ月後、両親は病院で亡くなった。

自宅の庭先で二人が倒れていたのを、嫁いでいた姉が用事で戻ったとき見つけたのだ。

搬送先の病院で、突然死であると言われた。

庭仕事の最中だったようだ、と姉は教えてくれた。

少子化の流れも手伝い、石野家は先細りとなり、近い将来存在しなくなるだろう——と石野さんは冷ややかに事態の趨勢を予見している。

曾祖母や曾祖母、父母のように自ら夫婦でオクラを食べることはないと信じたいが、この先どうなるか予想が付かない。何せ、分からぬことが多すぎる。

今はただ、身の傍からオクラを遠ざけるのみである。

ふしの

辻馨《かおる》さんの家は、山を持っている。

曾祖父の代から受け継いできた山で、家は造林業――造林会社を営んでいた。

だが父の代で会社を畳み、山は一つを除いて手放した。

現在、残された唯一の山へはたまに手入れにいく程度だ。

そもそも、今の辻家は街中に居を構えており、所有する山まで行くのに何時間も掛かった。山は、ほぼ無用の長物と化していたと言える。

二〇二〇年に大学を卒業した馨さんも、造林とは関係ない企業に就職した。

だから、父親が行う山の整備に手を貸すのは専ら休日に限る。小学校高学年から手伝ってきたが、最近は非常に面倒くさいと思い始めていた。

山があるから手間が掛かるのだ。今流行の、個人キャンパー向けに売る、手放すというのはどうかと父親に提案してみたが、酷く怒られた。曰く「曾祖父の代からこの山は守れと言われている。おまえにも常々言っていただろう。手放すなど言語道断である」と。

これから記すのは、その馨さんの家に伝わる「山を守る理由」である
彼から聞いたことを、できるだけ整理して書いていきたい。

※

まず、馨さんの家が持つ山の現状について、である。


造林会社を辞めたのは、父親が三十代の頃だ。

木材の引き合いが全くない訳ではないが、国産材を使った家を新規に建てる人間が減ったこと、そして外材による値段競争が理由としてあった。台風など災害による木材の需要は一時的なカンフル剤にしかならない。この先、もし国産木材の需要が高まったとしても、それまで商売を維持できるか分からなかった。

会社の人間を路頭に迷わせないよう再就職先を見つけるため、父親は頭を下げて回った。また売れる物は一部を除いて手放し、それも退職金の補填に充てたのだ。

廃業後、馨さんの父親は別種の職業へ就いた。

真面目で努力家だから、すぐにそこで出世をしていった。

更に、曾祖父と祖父が残した幾ばくかの遺産が見つかり、持ち山の維持のための予算も捻出することができた。

この辻家の持ち山は、自宅のある街中からかなり離れている。

自宅は元々この山から車で一時間弱程度の場所にあった。仕事の都合上便利だったからだ。が、造林会社を整理するのなら、それも意味がなくなる。だから、街中に家を探して引っ越した。当然、馨さんも転校することになった。

今の家から山へ向かうと、途中で高速も切れる。下の道を延々走らないと着かない。日が出る前から出かけて、到着は日が高くなってからだ。夕方作業を終えてから家に辿り着くのは夜中ということも少なくなかった。

それほど遠くにあった。加えて、道路状況も決して良くない。山の入り口に近付くほど、細い道になる。辛うじてアスファルトが敷いてあるが、片側は剥き出しの崖、逆側は急な斜面だ。ほぼ垂直にすとんと落ちている、と言っても過言ではない。崖の下は曲がりくねった立派な川になっているのだが、上から見ても細く見える。それくらい距離があった。何かの間違いで車ごと転落したら確実に死んでしまうような高さだった。

山の出入り口の左右は木々が立ち並んでいる。

元々は林だったのだが、会社の現場事務所を建てる際に整備して植え直したのだ。

太い木々の間に、トラックが往来できるくらいの幅の出入り口が開いている。

そこは金属の杭数本とチェーンで塞いであった。

張られたチェーンに立ち入り禁止の札をぶら下げ、警告をしていた。

乗用車一台分だけチェーンを外して中へ入れれば、右側は普通車が五台ほど駐められるスペースになっている。

駐車スペースの対面は木造の現場事務所兼資材置き場だった場所だ。

以前は電話線や電線が引かれていたらしいが、今は解約済みになっていた。

事務所脇にはタイヤが朽ちたダンプカーが一台、打ち捨てられている。

その隣に小さな屋根付きの小屋があり、各種機材が置かれていた。軽トラック、ガソリン発電機やチェーンソー、ミニショベルカーなどは今でも使える。

人が入ってこられないよう、出入り口に再びチェーンを掛け、今回手入れする場所へ向かうのがルーティンだった。

事務所と駐車場を挟んだ道は、トラックが行き来できる程度の道幅になっている。山の頂上近くまで土が剥き出しのまま通してあるのだ。切り出し作業で使われていたのだろうが、今は原形を保っていない。十数年前の大雨災害で壊れた後、粗く復旧した結果だ。

軽トラックに手入れの道具を積み込んで、この道を登る。途中に駐車し、輪留めを噛ませてから林の中へ踏み込んでいく。

手入れは〈落ちた枝葉の除去〉〈倒木などがあれば、チェーンソーなどで細かくし、運べる状態へ加工し、軽トラックで降ろす。多ければ、別日に改めて運ぶ〉がメインである。

一カ月に一度か二度山に来て作業するのだが、広い山だ。一日で済むはずもない。だからエリアを区切って、今回はこのエリア、次来たら別のエリア、と変えながら行う。

親子二人ではかなり大変な仕事であるが、人を雇うのは無駄だという父親の決めごとに従うしかなかった。


では、何故この山を守らなくてはならないのか。

それはこの山の頂上近くに祠があるからである。

父親曰く、祠は山の斜面に開いた横穴に納められた、石造りの小さなものだ。

直方体を寝かしたような祠。大きさは、四角い石油ストーブくらいか。

暗く沈んだ色の石を彫って作ったような、素朴な形状だ。凝灰岩ではないかと祖父は口にしていたようだが、確認は取れないままだ。

台のようなものはなく、直接地面に置かれていた。

表面は摩耗しており、細工があったかどうかも定かではない。

本体と同じ材の観音開きの扉が填め込まれている。簡単に開かないように祠本体ごとぐるぐると錆びた針金が巻かれていた。扉下部にも小さな鉄の楔《くさび》が数本打ち込まれ、扉を固定している。ただし、何度か抜き差ししたのかグラグラですぐ抜けそうな代物だった。

開けると中に二つの石があるらしい。

らしいというのは、父親も見たことがないからだ。

曾祖父と祖父は目にしており、その言を借りれば〈掌に収まるくらいの自然石が二つ並んでおり、裏側に彫り物がある。文字らしいが判読できないもので、象形文字のような感じだった。多分、左が大元に祀ったもの、右が後に祀ったものだろうと思う。あとこれらは神サンや仏サンではなさそうだ〉。

簡単に言えば、正体不明の何か、だろうか。

これを辻家では〈祠のもの〉と称す。

祠のある横穴は明らかに人の手が入ったものだ。

穴の表面の土は滑らかに加工され、所々に崩落を防ぐよう石などで補強されている。高さは大人が腰を折らないと入れないくらいで、奥行きは畳を縦にして三枚程度。外からの光が辛うじて入るぐらいの距離だ。祠には灯明を灯す粗末な燭台が二つ設えられていた。

曾祖父の代から所有した山なのに、何故そのような曖昧な情報しかないのか。

父親が祖父に訊いたところ「曾祖父が山を手に入れたときから〈祠は〉あったようだ。最初は破壊しても良いと思って周囲を掘り返そうとした。だが、辻家や一緒に働く人間とその家族に障りがあった。曾祖父と祖父母、他数名以外が高熱を出し、全身真っ赤に茹で上がったようになる奇病だったらしい。拝み屋へ相談すると、祠をきちんと祀り、丁寧に扱えば病は癒える。それだけではなく、辻家や辻家に関わる者、この山、そして将来国土を護るような存在になるはずだ。それにもう辻家と縁が生まれてしまったから、もし山を手放したり祠を粗末にすると、辻家縁者全てに更に強い障りが降り掛かる。そう〈祠のもの〉が言っている。前の山の所有者がどうなっているか調べてみろ。きっと大変なことになっているはずだ。〈祠のもの〉については〈祠のものが〉言いたくないと言われた」のだ。

曾祖父は前の所有者を追った。確かに、係累皆に不幸が襲っていたと言う。

だからこの山だけは手放さず、祠を守らなくてはならなかった。

因みに災害が起きてもこの横穴や祠は一切のダメージを受けないらしい。

曾祖父の代から何度か災害が起きたが、無事だった。

考えてみれば廃業後に起きた大雨災害でも影響を受けていない。

山の手入れを終えたら、必ず上にある祠のある高さまで登り、酒と米などを供え、丁寧に〈祠のもの〉に挨拶するのが習わしだった。父親の言葉を全て信じている訳ではないが、そこまで言われてはやらない訳にはいかないのだ。

――が、実は馨さんはこの祠の外面すら直に見たことがない。

父親は祠を直接目にしているが、扉を開け、中を確認したことはなかった。

数えの六十二になるまで見るな、と父親は祖父から命じられていた。それも一生に一度しか駄目だと言われていた。それもまた拝み屋の言であった。

考えてみれば、曾祖父も祖父も七十代初期で亡くなっている。ならば、数えの六十二で祠の中を確かめ、それぞれの自分の息子に伝えたのだろう。

それもあるのか、父親は息子である馨さんを山へ連れていくとき、自分が祖父から聞いたことを伝え、祠の横穴まで行かせないようにした。祠を目にすることくらいは問題ないはずだが、「見ないほうが良い」と父親は頑なに馨さんを横穴から遠ざけた。

代わりに、横穴が見える場所に小さなコンクリート製の祭壇を設え、そこにお供え物をし、頭を垂れるようにしたのだ。それでも大丈夫だと父親は断言していた。誰がそんな判断をしたのか疑問に思ったが、馨さんは敢えて訊かなかった。訊いて答えを得ても、余計な業を背負い込むだけだと思ったからだ。

この新たに設えられた祭壇から向こうは、背の高い鉄の杭が何本も建てられており、鉄条網を三重に張り巡らせてある。無理すれば潜れる隙間はあるし、別の側から横穴へも行けないことはない。が、杭と鉄条網の圧と父親の「入るな」という強い指示で、足を踏み入れられない雰囲気があった。

父親自身は年に二、三度、盆暮れ正月に近いときに一人で鉄条網を潜り、石の祠を清めている。そのときに馨さんを同行させている場合、外の祭壇で挨拶をさせ、先に車まで戻らせた。徹底して息子を祠に近付けさせない意志を感じるエピソードだ。

「俺が数えの六十二を越え、祠の中を見たら、それ以降はおまえ（馨さん）が祠の手入れもしろ。そのときが来たらやり方を教えてやる」

馨さんは父親からそんなふうに言いつけられていた。

だからその内、お役目が回ってくるのだろうと、心の準備をしている。

※

山の現状と、何故守らないといけないかの理由は以上だ。
ところが、馨さんからこんなエピソードも聞かせてもらった。

辻家の山には、何故か自殺者が集う。
それも山頂へ向かって登っていく、という傾向があった。
曾祖父の代から数名の自殺者の遺体を発見、通報を行っていると聞いている。
父親の代には自殺未遂者を何度か発見、保護していた。
自殺者に共通していることが幾つかある。

〈山への侵入ルートは複数。道路側や出入り口からではない〉
〈彼らは痕跡を残しながら登っていく。例えば、石を積んだり、枝を折ったりする〉
〈時には菓子や弁当、煙草の空き箱など、ゴミを点々と捨てていく〉
〈痕跡で足取りを辿っていくと、必ず山頂近くの横穴――祠周辺へ行き着く〉
〈横穴から少し離れた場所に衣服を綺麗に畳んで置き、荷物もその脇へ寄せている〉
〈徹底して身元の照合ができないようにしている。免許や保険証、通帳はなし〉
〈自殺者の遺体は横穴から少し離れた窪みに、手足を折り曲げた姿で横たわっている〉

〈見ようによっては、胎児のポーズのようだ〉

〈死因は殆どが凍死か窒息である〉

〈大量の酒で薬物を飲み下してそのまま裸身で寝て、凍死を狙うのだろう〉

〈その酒と薬物のせいで意識が混濁しているとき、吐瀉《としゃ》物で喉が塞がれて窒息する〉

〈多分、前日の日がある内に山へ入り、そのまま自殺している〉

等だ。


父親が発見し、保護した自殺未遂者も、死因以外はほぼこの条件に合致する。

老若男女問わず、全裸になり泥酔しているのだ。

元来酒に弱いのか知らないが、全身を真っ赤にして祠近くの窪みに手足を投げ出して倒れている。

発見した父が相手をすぐに救出し、病院へ搬送するので何とか助かる者は多かった。

不幸中の幸いだと言えば、父親は渋面を浮かべる。

「俺もおまえも常に山にいる訳じゃない。昔みたいに誰かが毎日仕事で山にも入らない。だから、もしかすると気が付かない内に誰かが自殺して、野生動物や他の何かに引き摺られて何処かへ消えているかもしれないだろう？　多分、発見されずに死んでいる奴はいるはずだ」

山へ行くと自殺者の姿はないが、時折、件の〈痕跡〉が残っていることがある。

確かにそうかもしれないと考えた途端、軽率な発言だったことに気付き、馨さんは父親に謝った。


また別の日に父親がこんなことを口走った。

「そういえば、毎回服が鉄条網の内側にあったたな」

数回見つけた自殺者の服らしきものが、鉄条網の向こう側へ綺麗に畳んだ状態で置いてある。外から二つ目の場所だった。鉄条網を張って以降の話だ。

そのときは窪みに自殺者はいなかった。仕方がないので、衣服と荷物だけを回収し、麓から一番近い駐在所へ届けておいたという。

――が、この話を耳にしてから数カ月後、まだ大学に通っていた頃だ。

馨さんも鉄条網内側に置かれた衣服を見つけた。

ちょうど祭壇にお供え物を置こうとした直前、空気にアルコールの臭いを感じていたときだ。

遠目に見る衣服はカーキグリーンで、白いシャツらしきものも挟んである。近くには茶色系のトレッキングシューズと黄色いザックが添えられていた。

そのとき、窪みに男がいるのを父親が見つけて抱え上げて連れてきた。

山の手入れ中、見覚えのないお菓子とペットボトルのゴミが、点々と落ちているのを見ていた。父親が（自殺者が）いるかもなと顔を顰めていたが、その通りになった。

痩せさらばえた身体が、真っ赤になっていた。

くしゃっと顰めたような顔に加え、手が長い。何となく猿を思い起こさせる。

男の目が赤く充血し、どろっと濁っていた。ところが相反するように顔色がどんどん青白くなっていく。

急性アルコール中毒か。父親が何かをして酒を吐き出させた。自分達が持ってきたお茶なども飲ませたが、意識が混濁しているのか上手く飲み込めない。

二人で抱える。重くて苦労した。車に乗せて病院まで走った。

搬送後、父親が口にした。

「これからおまえも自殺志願者を見つけることが増えるかもな。何となくだが」

その言葉の通りになった。

それから二カ月も過ぎない頃だっただろうか。

父親といつもの山の作業を終えた。既に日が傾きかけていた。

晩秋だ。これからあっという間に日が落ちていく。急いで鉄条網の祭壇に酒を供える。

ふと顔を上げると、山にそぐわない色が、浮かび上がるように目の端へ入った。

鉄条網の外から二重目の内側に畳んだ衣服が置いてある。脇にハンドバッグと高いヒールの靴があった。色は大体、白、黒、ピンク、茶色、赤、だ。

さっきは気付かなかった。

ああ、自殺者か、と急に血の気が引いていく。

だが、痕跡は見つけていない。積んだ石も、折られた枝も、ゴミも、何もかもだ。

自分達が踏み込んでいない場所に残っていたのか、違うのか。

その場にいない父親を大声で呼んだ瞬間、背後で何かが動いた。

父親かと振り返った。

違った。

そこには、全身の皮膚が仄赤く染まった女性が千鳥足で歩いていた。

くしゃくしゃに乱れた髪のせいで、年齢がよく分からない。真っ赤に濁った目をしていた。少なくとも、二十代から三十代程度に思えた。

一瞬気圧《けお》されたように身体が強張った。

太陽の光が失われつつある山の中に、裸身で立つ女性は異様な光景でしかない。強い酒の臭いが漂った。それが切っ掛けではないが、我に返った。

思わず着ていたワークジャケットをその身体に巻き付けるように被せる。

女は力なくその場に膝を突いた。まだ、強いアルコールの臭いが漂う。

そのとき、馨さんは女の呟きを聞いたという。


――しねなかった　しねなかった　あーあ　あーあ。


後日分かったが、助けられた女性は突発的に死にたくなって、気が付いたら山を登っていた、らしい。

父親が警察か何かから聞いて、それを更に又聞きしたものだから、正確な情報ではない可能性が高いが、そういう話だった。

後に畳まれた服と荷物を回収したが、薄手の白いコート、黒い肌着とタイツ、サーモンピンク系のニットワンピース、茶色く小さいハンドバッグ、赤のソールで高いヒールのパンプスだった。山に登る格好ではない。が、絶対に登れないとも言い切れない。どちらにせよ、女性が自ら登ってきたのは間違いなかった。

以降、馨さんも山の手入れに行くときは「自殺者がいませんように」と願うようになった。猿みたいな男性と全裸の女性を見たときの衝撃が、未だ根深く残っているからだ。

それから何度も山へ手入れに入っている。ほぼ毎月一度か、二度だ。

幸いなことに、三人目には未だ会っていない。

ただし、痕跡はたまに見かける。

※

馨さんは話の途中で、ふと黙り込んだ。

言い忘れたことがあるが、話して良いかと訊かれた。当然了承する。

辻家に伝わる話がまだある。

〈守っている山で、獣に出会ったら、まず色を確認しろ〉

普通の毛色や毛足なら、問題なし。

毛がなく、その地肌が赤かったら凶兆で、悪いことの前兆になる。

曾祖父が件の障りの後に、拝み屋から聞いたことだ。

辻家が持つ山には、猿、鹿、猪、野兎が住み着いていることは確認している。

拝み屋曰く〈祠のものが言っている。猿、野兎で赤いのは特に駄目だ〉。


赤い猿、赤い兎が出てきたら、世が乱れる。叩き殺して、辻の者が喰え――。


馨さんは赤い猿と赤い兎は見たことがない。

が、父親は最近赤い兎を二度、目撃した。

皮膚病か元からか分からないが、毛がなく赤い肌をした兎だった。

目は赤くなかった。黒かった。アルビノではない。

全体の印象を例えるなら、ハダカデバネズミに近い。

このハダカデバネズミはその名の通り、体表に毛が殆どなく、体色は薄桃色に近い。更に前歯が飛び出した特徴的な姿をした鼠である。ただし、父親が目撃したのはそれよりも肌が赤い。例えるなら、酩酊した人の肌の赤黒さに近い。また耳が長かった。

ギョッとしたと同時に、拙いものを見た、殺して喰わなければ、と思った。

鉈を手に身構えると、赤い兎は猛烈な勢いで低木の間へ消えていった。見た目よりかなり俊敏だった。殺し損ねてしまった。

二回目も同じく、逃げられた。

父親が赤い兎を見たのは、たまたま馨さんが来なかったときだ。

二〇二〇年の一月中旬と、六月下旬のことである。


つい先日、馨さんに体験談について確認の電話を入れた。

雑談の中で、守っている山の横穴周辺を〈ふしの〉と呼ぶらしいと聞いた。

父親が祖父から、祖父は曾祖父から教えられたらしいのだが、漢字でどう書くのか失われている。ただ、ふしの、とだけ呼んでいた。

続いて、赤い獣の話になった。電話の向こうで彼が声を潜めた。

『兎はともかく、猿は喰えない』

人間に近しい姿に感じるから、食べるのは無理です、と言う話だった。

彼は更に声のボリュームを下げた。

――しかし〈祠のもの〉って何ですかね。こんなことまでさせるって。

あとがき

再取材時、体験者に改めて訊いた。

何故目撃した〈ソレ〉をそう思ったのか。答えはシンプルだった。

——一見して、そうだ、と思ったからでしょう。

では、もうひとつの、まだ見ていない〈アレ〉は、どういう基準で判断するのか。

氏はやや押し黙り、静かに頭を下げた。

——実は、〈ソレとアレの判別方法〉が伝わっています。

だから、眼前に現れたモノをその人物はソレだと判じられたのだ、と。

その判別方法の他、意図的に秘していたことについても教えてもらった。だが、それらを本文中に残そうとすると邪魔が入る。まるで〈公にしてはならない〉と警告を受けているようだ。だから、書かなかった。

歯切れの悪い、言い訳のようなあとがきだが、御容赦頂きたい。

久田樹生

あとがきという名の戯言

今年もまた、『「超」恐い話』の季節がやってきました。厳選された恐怖を皆様に御紹介できますことを、心より嬉しく思います。

さて、この業界の末席に長いこと居座らせていただいておりますが、そんな私でも、昨年は特に怪談を書き上げることに苦痛を感じておりました。勿論、スランプなどという一丁前なことを理由にするつもりは毛頭ありませんが、とにかく相当キツかったことだけは間違いありません。まあ、時折酒の力を借りながら、何とか形にできたわけですが……。

ただ、そのような状態でも怪異譚は続々と入ってきますし、なかなか上手く書くことができなくても結果的には完成に漕ぎ着けまして、こうして皆様に御紹介できることが嬉しくて仕方がありません。今年もまた、選び抜かれた市井の怪異を形にして、皆様と御一緒に愉しむことができましたら、これに勝る喜びはありません。

それではまた、皆様にお目に掛かれる日を手薬煉《てぐすね》引いて待っております。

渡部正和

あとがき

明けましておめでとうございます。今年も本書をお手に取られた皆様と、何とか生き残っていければと思います。

昨年中は声優の井澤詩織さんの選ぶ怪談本の企画で『丑』の帯が新装されるありがたいイベントがあって、帯欲しさに自分の本を買うというあさましき行いをしました。ここに懺悔致します。またやってください。

干支シリーズも十年になるのですね。十二進法では別に区切りでもなくとも、個人的にはやはりこのあたりで重みを感じてしまいます。

毎年「そんな都合よく干支の話なんかないよ」と密かに思ってやってきたのですが、虎だの羊だのに比べれば兎（っぽい）の話は案外あったので助かりました。お預かりしたお話は全てありがたいのですが、こういうことがあると嬉しさもひとしおでありますね。

え？　来年は辰？　——辰かぁ……。ちょっと困ったな。龍が出てくるお話、ございませんか。

深澤夜

あと、どのくらい？

死が近くなった。そして死を間近に感じる機会が増えた。

この三年間の話は今更蒸し返すべくもない。あの病疫——で通じない者はこの地球上に恐らく一人もいないだろうから。致死率が低くなろうが、感染者数が増えていれば死亡者実数は増える。結果、昨年一年間だけで四万人近く死亡している。その四万人の中にはあなたの知己縁者も少なからず含まれていただろう。運良く四万人に吸い込まれずに済んだ知己縁者、或いはあなた自身すらも死を間近に凌ぎきった一人かもしれない。幸いである。

怪談を始めて三十有余年。大分若い時分に始めたものだから、若いつもりが今も続いてしまっているが、言うほど自分も若くはない。まして、戦友同胞諸氏も決して若くはない。もっと言えば古くから永らえて付き合ってくれてきた、何度かの休眠のたび「超」怖い話を叩き起こしてこの世に引き戻してくれた読者諸氏も、然程若くはないかもしれない。

つまり死が近くなった。我々は死に近付いている。この先、何人が生き残っていけるかも分からない。故に、また来年。「超」怖い話でお会いするまで、生きのびていただきたい。

加藤 一

二〇二三年 一月

本書の実話怪談記事は、「超」怖い話 卯のために新たに取材されたもの、公式ホームページに寄せられた投稿などを中心に構成されています。
快く取材に応じていただいた方々、体験談を提供していただいた方々に感謝の意を述べるとともに、本書の作成に関わられた関係者各位の無事をお祈り申し上げます。

「超」怖い話公式ホームページ
http://www.chokowa.com/
最新情報、過去の「超」怖い話に関するデータベースなどをご用意しています。

「超」怖い体験談募集
http://www.chokowa.com/post/
あなたの体験した「超」怖い話をお知らせ下さい。

「超」怖い話 卯

2023年2月6日　初版第一刷発行

編著……加藤 一
共著……久田樹生、渡部正和、深澤 夜
カバーデザイン……橋元浩明（sowhat.Inc）

発行人……後藤明信
発行所……株式会社　竹書房
〒102-0075　東京都千代田区三番町8-1　三番町東急ビル6F
email: info@takeshobo.co.jp
http://www.takeshobo.co.jp
印刷・製本……中央精版印刷株式会社